[HSK 3.0 시대]

드림중국어 신 HSK 중급 문법

(HSK 최신 개정 내용 반영,
HSK 중급(4-6급)문법 전면 수록)

[HSK 3.0 时代]

梦想中国语 新 HSK 中级 语法

드림중국어 원어민 수업 체험 예약 (30분)

QR코드를 스캔해서 중국어 체험 수업 신청하세요.

(네이버 아이디로 들어감)

ZOOM 1:1 수업, 휴대폰/태블릿/컴퓨터로 수업 가능

[HSK 3.0 시대] 드림중국어 신 HSK 중급 문법

(HSK 최신 개정 내용 반영, HSK 중급(4-6급)문법 전면 수록)

[HSK 3.0 时代] 梦想中国语 新 HSK 中级 语法

종이책 발행   2021년 10월 01일
전자책 발행   2021년 10월 01일

저자:	류환
디자인:	CAO SHUAI
발행인:	류환
발행처:	드림중국어
주소:	인천 서구 청라루비로 93, 7층
이메일:	5676888@naver.com
등록번호:	654-93-00416
등록일자:	2016년 12월 25일

종이책 ISBN: 979-11-91285-02-4 (13720)
전자책 ISBN: 979-11-91285-47-5 (15720)

값: 36,800원

이 책은 저작권법에 따라 보호받는 저작물이므로 무단복제나 사용은 금지합니다. 이 책의 내용을 이용하거나 인용하려면 반드시 저작권자 드림중국어의 서면 동의를 받아야 합니다. 잘못된 책은 교환해 드립니다.

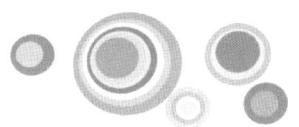

목 록

제 1 부 중국어 중급 문법 1

제 1 과 구조조사 '的' 2

제 2 과 구조조사 '地' 8

제 3 과 구조조사 '得' 11

제 4 과 자유회화 15

제 5 과 강조문 '是…的' 20

제 6 과 연동문 26

제 7 과 겸어문 33

제 8 과 존현문 38

제 9 과 자유회화 43

제 10 과 가능보어 47

제 11 과 수량보어 51

제 12 과 이합동사 55

제 13 과 이중목적어를 가진 동사 60

제 14 과 자유회화 62

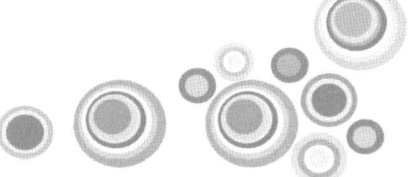

제 15 과 처치문 66

제 16 과 피동문 70

제 17 과 비교문 72

제 18 과 강조 구문 77

제 19 과 자유회화 79

제 20 과 연합복문 83

제 21 과 편정복문 89

제 2 부 HSK 지정 문법 (중급) 100

HSK 4 급 문법 101

01. 능원동사: 得 101

02. 인칭대명사: 人家 101

03. 명량사: 다스, 가마, 가닥, 두루마리, 그루, 무리 101

04. 차용양사 102

05. 정도부사: 유난히, 매우, 극히 102

06. 범위, 협동부사: 모두 103

07. 시간부사: 제시간에, 곧, 급히, 점점, 되도록 빨리 103

08. 빈도, 중복부사: 수차, 여러번 103

09. 관련부사: 하지만 104

10. 부정부사: 반드시 ...한 것은 아니다 104

11. 정태부사: 거의、마치 105

12. 어기부사: 확실히、오히려、그리고、의외로、도대체 105

13. 이래 106

14. ...에 대하여 106

15. ...에 관하여 107

16. 대신 107

17. ...에 따라 108

18. (으)로서 108

19. 접속사나 구: 그리고 2、및 109

20. 단문이나 문장을 연결한다: 이 밖에、지만 1、아니라、

　　기왕、을 알 수 있다、심지어、만약、아무튼 109

21. 기타조사: (마치) ...와 같다 110

22. 아 2 110

23. 大 A 大 B 110

24. 一A一B 111

25. 보아하니 111

26. 늦지 않다/늦다 111

27. ...을 것 같다. 112

28. 일반적으로(말하면) 112

29. 一+양사+比+一+양사 113

30. ...부터 113

31. ...(으)로 이루어지다 114

32. ...방면에 114

33. 在……上/下/中 115

34. 술어구가 주어가 된다. 115

35. 수사주어 116

36. 다항 한정어 116

37. 방향보어 3 117

38. '把'자 문 2: 처치를 나타낸다. 118

39. 피동문 2: 주어+被+동사+기타성분 119

40. 존현문 2 120

41. 겸어문 2 121

42. '是……的' 문 2: 말하는 사람의 생각이나 태도를 강조한다. 122

43. ...이 아니고 ...이다. 122

44. ...하고 (또)...하다. 123

45. 먼저..., 그 다음에... 124

46. 그래서 124

47. ..., 심지어... 125

48. ... 든지 125

49. ...지만, ... 126

50. 그렇지 않으면... 126

51. 만약... 127

52. 만일... 127

53. ...거나 상관없이/ 간에 128

54. ...든지 상관없이/ 간에 128

55. 기왕... 128

56. ...을 볼(알) 수 있다. 129

57. 설령 ...하더라도, ...하겠다. 129

58. ...할 수 있도록. 130

59. 태그 없음 130

60. 반드시 ...해야 하다. 131

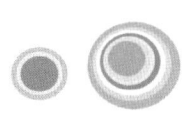
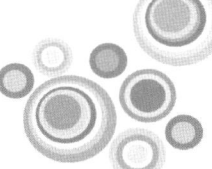

61. 대략적인 수 표기방법 3: 수사+来+양사 131

62. 소수, 분수, 백분율, 배수의 표기법 131

63. 반어문으로 강조를 나타낸다. 133

64. 이중 부정으로 강조를 나타낸다. 133

65. '一 +양사(+명사)+也(都)/也没(不)......'로 강조를 나타낸다. 134

66. '连......也/都......'로 강조를 나타낸다. 135

67. ...하지 많으면 손해이다. 135

68. 동사+一 X 是一 X 135

69. ...할 것 없다. 136

70. X 는 X 이고, Y 는 Y 이다. 137

71. 반드시 ...해야 하다. 137

72. 직접 ...하면 되다. 138

73. 무슨 ...(이)야. 138

74. 당신은 ...하세요. 139

75. ...(으)라면 ...하다. 139

76. 어찌 하더라도 / 어떻게 해서라도 ...해야 한다. 140

HSK 5 급 문법 141

01. 지시대명사: 서로, 이렇게 141

02. 명량사: 권, 송이, 폭, 기, 알, 필, 짝 141

03. 정도부사: 너무, 정말 1, 좀 142

04. 범위부사: 대부분 143

05. 시간부사: 때때로, 겠, 곧, 여전히, 항상, 시시각각, 여전히, 줄곧 143

06. 빈도, 중복부사: 가끔, 다시 145

07. 방식부사: 몰래 145

08. 어기부사: 필경, 면할 수 없다, ㄹ 뻔하다, 오히려, 아예, 곧 4, 뜻밖에, 정말 2, 분명히, 드디어 146

09. 에 따라 147

10. 를/ 을 하다 148

11. 이/가 2 148

12. 에 근거하여 148

13. 에 의거하여 149

14. 에 따라 149

15. 단문이나 문장을 연결한다: 그리하여, 게다가, 다, 일단 150

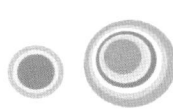
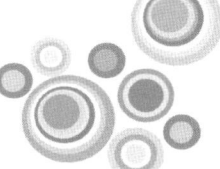

16. 기타조사: 든지 150

17. 아무리 A 해도 151

18. A 다가 152

19. A 지도 B 지도 않다. 152

20. A 는다고 하면 A 152

21. A 도 있고 B 도 있다. 153

22. 대단하다 153

23. 감당할 수 없다. 154

24. 됐다. 155

25. 필요가 없다. 155

26. …에서 보면 156

27. …까지 156

28. 몹시 157

29. …말해 보다. 157

30. A 것은 A 고, B 것은 B 158

31. …보기에 159

32. 목적어의 의미 유형 1 159

33. 부사어 160

34. 방향보어 4 시간적인 의미를 나타낸다(파생용법).......161

35. 가능보어 2: 동사+得/不得.......162

36. 정도보어 2.......163

37. 상태보어 2: 동사/형용사+得+구.......164

38. '有'자문 3.......165

39. '把'자문 3: 처리를 나타낸다.......166

40. 피동문 3: 의념 피동문.......168

41. 연동문 3: 앞뒤 두 개의 동사 역할을 하는 단어는 인과, 전환, 조건 관계를 가지고 있다.......169

42. 겸어문 3.......169

43. 비교문 5.......170

44. …이거나 (혹은) …이다.......171

45. 비록 …라 하더라도.......171

46. 일단/ 만약.......172

47. 만약 …하면…, 그렇지 않으면….......172

48. 오직 …하여야.......173

49. 다만 …해야만 한다, 그렇지 않으면 …하다.......174

50. …, 그래서….......174

51. 설사 ...하더라도 ...하겠다....................................175

52. ...를 위해서다....................................175

53. (하기에 편리)하도록....................................176

54. ...없다면 ...없다....................................176

55. 설사 ...하더라도....................................177

56. 이중복문 1: 단문+복문; 복문+복문 177

57. '再也不/没'로 강조를 나타낸다....................178

58. 부사 '可' 로 강조를 나타낸다....................179

59. '怎么都/也+不/没' 로 강조를 나타낸다..............179

60. X 도 안 되고, Y 도 안 되다....................181

61. X 지도 Y 지도 못하다....................181

62. X 는 그것이고 Y 는 그것이다....................182

63. 어차피 ...하다....................182

64. X 는 X 이고, Y 는 Y 이다....................183

65. 어쨌든....................184

66. 看你 X 的/瞧他 X 的....................184

67. 참 대단하다....................185

68. 뭘 ...하다....................185

69. 什么 X 不 X (的) 186

70. 대명사로 다시 가리킨다. 186

71. 생략 성분을 띤다. 189

HSK 6 급 문법 191

01. 초-, 다-, 반-, 무-, 아-, 준- 191

02. -화, -식, -형, -성 191

03. 지시대명사: 본, 이 191

04. 명량사: 끼, 송이, 방울, 짝, 줄기, 회, 송이 192

05. 동량사: 차례, 마디, 번 192

06. 정도부사: 특히, 매우 193

07. 범위, 협동부사: 모두, 온통, 함께, 같이 193

08. 시간부사: 늘, 한 번에, 조만간 194

09. 관련부사: ~하자마자 194

10. 방식부사: 자기도 모르게, 서둘러, 직접, 일부러 194

11. 정태부사: 마치 195

12. 어기부사: (이)야말로 3, 마침, 기어코, 딱 196

13. 에 197

14. 따라 197

15. 와/과 같다 1, 와/과 1 197

16. ...에 관해서는 198

17. 때문에 198

18. 외에 199

19. 에 따라 199

20. 접속사나 구: 고 2, 와/과 2, 및 2 200

21. 단문이나 문장을 연결한다: 뜻밖에, 지만 3. 만약 200

22. 구조조사: 하는 바 201

23. 어기조사: 罢了、啦、嘛 202

24. 수사+형용사+양사 202

25. A 거나 B 202

26. 无 A 无 B 203

27. 이것저것을 ...하다 203

28. 이리저리 ...하다 204

29. 그다지 204

30. 별로 205

31. 간신히 205

32. 그것(도)...이다. 206

33. 말하자면/ 다시 말하자면 207

34. 됐다. 207

35. A 一 +양사 , B 一 +양사 208

36. 东一 A,西一 A 208

37. ... 기 위하여 209

38. 목적어의 어의 유형 2 209

39. 방향보어 5 210

40. '把'자문 4: 야기함을 나타낸다. 211

41. 피동문 4: 주어+被/叫/让+목적어+给+동사+기타성분 212

42. 때로는…, 때로는… 213

43. 때로는 …(하고), 때로는 …(하다). 214

44. …바로… 214

45. …하기는커녕… 215

46. …는 것이 아니라…해야 하다. 216

47. …까지도…, 더욱이… 216

48. …하든지 …하든지. 216

49. 비록…지만… 217

50. …, 그렇지 않으면… 218

51. 무릇 219

52. 설령 ...이라도 219

53. ...하지 않으면 ...하지 않다 220

54. 이중복문 2: 복문+복문 220

55. '非......不可'로 강조를 나타낸다 221

56. ...까지 ...하다 222

57. ...하면 ...하다 223

58. ...하기는 ...하는데 223

59. 안 ...하면 ...하지 않지만, 일단 ...하면 224

60. 너 이 ...야 224

61. 동사+什么(就)是什么 225

62. 일찍도 늦게도 ...하지 않다 225

63. 看/瞧把+목적어(시사)+X 得 226

64. 放着 X 不 Y 226

65. 아무리 ...해도 227

66. ...하면 ...한 것이지 ...할 것 없다 227

67. 이것도/ 저것도 안 ...하고, 저것도 안 ...하고 228

부록: 제1부분 연습 문제 답안 (일부/참고용)

제 1 부

중국어 중급 문법

제1과 구조조사 '的'

一 구조조사

중국어에는 3개의 구조조사가 있는데 '的地得' 입니다. 발음은 똑같고 모두 경성인 'de'입니다. 하지만 이 구조조사들의 역할과 의미가 많이 다릅니다. 그래서 이 세 개의 de 를 구별하기 위해, 구어체에서 이들을 각각 '白勺的(Bái sháo de)', '土也地(Tǔ yě de)', '双立人得(Shuāng lì rén de)'로 구분합니다. 우선 제일 쉬운 '白勺的'를 보겠습니다.

'白勺的' 는 관형어의 표지입니다. 보통 주어나 목적어 앞에 사용하며, 뒤에 나오는 명사를 수식하는 역할을 합니다. 이 때 중점은 뒤에 있는 명사입니다. 구조는 보통 '형용사/명사/동사(구)+的+명사' 입니다. 명사 뒤에 나오는 '的'부터 보겠습니다.

二 명사(구) + 的 = ~의

명사 뒤에 나올 때 이는 한국어의 '의'에 해당합니다. 주로 소속, 소유, 친분 관계등을 나타냅니다.

연습: 해석 (단어집1-200참고)

我爱我的爸爸。

我爱我的妈妈。

我的爸爸是老师。

我的妈妈是医生。

我的孩子今年14岁。

这是我的杯子。

我的爱好是跳舞。

他的汉语说得很好。

火车站的后面是飞机场。

老师家的猫的名字叫果果。

这是朋友的女儿的商店里的苹果。

上午的课不难。

我们的同学现在都在医院做医生。

我的家很大。

左边的人是我的弟弟。

比赛的时间是1月16号。

我的生日是8月8日。

我看不懂中国的报纸。

他告诉我服务员的房间非常干净。

연습: 해석 (단어300-350참고)

아주머니는 나의 방을 청소했다.

그는 우리반의 학생이다.

아빠의 사무실은 크다.

북방의 사람은 키가 크다.

그의 코가 높다.

이번 경기는 재미 있다.

이것은 나의 노트이다.

호텔의 냉장고안에 많은 콜라가 있다.

이 식당의 메뉴가 간단하다.

나는 2018년의 경기에 참가할 계획이다.

이 도시의 슈퍼마켓은 많다.

배 위에 있는 사람이 많다.

三 형용사(구) + 的 = ~ㄴ/은

형용사 뒤에 나올 때 이는 한국어의 '은/ㄴ'에 해당합니다. 단음절일 경우, '的'를 생략해도 됩니다. 예를 들면,

漂亮的衣服　　예쁜 옷

聪明的孩子　　똑똑한 아이

可爱的妹妹　　귀여운 여동생

好人　　　　　좋은 사람

坏人　　　　　나쁜 사람

绿书包　　　　초록색의 가방

연습: 해석 (단어300-500참고)

旁边矮的人是我的弟弟。　　　　　　　　我喜欢安静的教室。

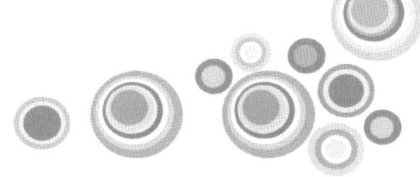

我吃饱的时候很开心。

这个城市发生了很大的变化。

别人的东西看起来更好。

我想用一个大的冰箱。

我喜欢方便的地铁。

这是一个干净的房间。

不要去低的地方。

干净的城市环境很好。

我喜欢美丽的花园。

你是一个聪明的人。

我有很多短的裙子。

他是个很坏的人。

我喜欢穿黄裙子。

这是一个简单的问题。

一只口渴的鸟飞了过来。

这是些旧衣服。

有的人喜欢很老的医生。

他给我一个满意的答案。

我不喜欢你难过的样子。

年轻的时候很开心。

很多人不喜欢太胖的人。

他是个奇怪的人。

我听到了他清楚的回答。

我喜欢工作认真的人。

我喜欢热情的人。

这是个容易的问题。

我们有相同的衣服和头发。

四 동사(구) + 的 = ~하는/한/할

동사 뒤에 나올 때 이는 한국어의 '하는/한/할'에 해당합니다. 시제에 따라 의미가 다르다는 점에 주의해야 합니다. 관형어는 동사를 포함한 주술구인 경우도 많습니다. 예를 들면,

我在吃的饭 내가 먹고 있는 밥

我要吃的饭 내가 먹을 밥

我刚吃的饭 내가 방금 먹은 밥

연습: 해석 (단어300-500참고)

我要搬去的地方很大。

帮别人忙的人都很可爱。

妈妈包的饺子很好吃。

他表演的时候很帅。

下星期要参加比赛的人是我的朋友。

迟到的人不能进教室。

这本书里出现的词语都很难。

我担心的事情发生了。

他打扫的电梯很干净。

妈妈昨天买的灯很好看。

爸爸给我买的红色的冰箱很大。

我要去的地方是一个美丽的城市。

我要还给他的钱很多。

妈妈要去银行换的钱是我的。

跟他见面的人大概60多岁。

从图书馆借的书很旧了。

我去机场接的人是我的朋友。

我能记得的单词只有这几个。

要和她结婚的人很帅。

你要解决的问题很多。

结束的时候告诉我。

我每天上班经过的咖啡厅关门了。

爸爸决定的事情谁都不能改变。

他们在夏威夷举行的婚礼很浪漫。

这是他去年来旅游的时候刻的字。

你哭的样子不漂亮。

他练习钢琴的样子很美丽。

他离开中国的时候很难过。

这是我了解的人。

我喜欢工作努力的人。

他有爬山的爱好。

他骑马的时候很高兴。

五 的 = ~의 것; ~한 것

'白勺的(Bái sháo de)'는 문장이나 구절 끝에 나올 때 '의 것, 한 것'으로 많이 해석됩니다. 이는 뒤의 내용을 얘기하지 않아도 상대방이 알고 있다고 생각했기 때문입니다. 예를 들면, '这本书是我的（书）。' '이 책은 나의 책이다'. 뒤에 있는 책이 안 나와도 헷갈리지 않아서 생략한 것입니다.

연습: 해석 (단어500-600참고)

哪本书是我的？

这些衣服是最便宜的。

我买了吃的。

打电话的是我的爸爸。

这不是我的。

这是谁的？

刚才来我的办公室的是谁？

这是谁买的？

你是怎么迟到的？

这个糖是很甜的。

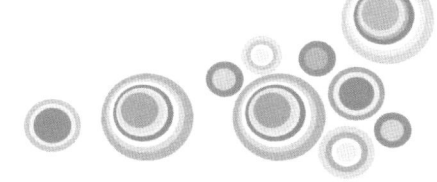

汉语水平是可以提高的。

我是相信你的。

这是很难忘记的。

这件事情是我自己完成的。

相信校长的是喜欢看新闻的爷爷。

戴眼镜的是我的朋友。

在银行里工作的是我的同学。

我刚才遇到的是我的同学。

他照顾的是他的爸爸。

你要注意的还有这方面。

在银行工作是很舒服的。

头疼的是我爸爸。

最甜的是这种糖。

我们的汉语水平是相同的。

熊猫喜欢吃新鲜的。

爷爷需要的是眼镜。

影响最大的是银行。

这个牙刷是我要用的。

这种游戏是年轻人喜欢的。

那边站着的是我们学校的校长。

照片里站在中间的是我的老师。

生命是我们自己的。

六 작문 연습

순서	수식 성분	해석
1	소속·소유	누구의
2	시간, 장소	언제, 어디서
3	주술구/전치사구/동사구 + 的	어떤
4	수량사	얼마나
5	형용사구 + 的	어떠한
6	묘사성 명사(직업, 색깔, 재질 등 긴밀한 연결), 1음절 형용사	무슨

[대표 문장]

我的妈妈 / 昨天 / 在家 /给我爸爸/ 做的 / 那几道 / 很好吃的 /   中国   //   菜

소속·소유   시간   장소   전치사구   동사구   수량사   형용사구   묘사성 명사   피수식어

나의 엄마가 어제 집에서 아빠에게 만들어 준 그 몇 개의 아주 맛있는 중국 요리

梦想中国语 HSK语法

这是包。

这是我的包。

这是我爸爸去年在中国买的包。

这是我爸爸去年在中国给我买的包。

这是我爸爸去年在中国花了100块钱给我买的包。

这是我爸爸去年在中国为了给我庆祝生日花了100块钱给我买的包。

这是我爸爸去年在中国为了给我庆祝生日花了100块钱给我买的一个包。

这是我爸爸去年在中国旅行的时候为了给我庆祝生日花了100块钱给我买的一个包。

这是我爸爸去年在中国旅行的时候为了给我庆祝生日花了100块钱给我买的一个漂亮的包。

这是我爸爸去年在中国旅行的时候为了给我庆祝生日花了100块钱给我买的一个漂亮的书包。

这是我爸爸去年在中国旅行的时候为了给我庆祝生日花了100块钱给我买的一个漂亮的小红书包。

'的'를 이용해서 자신의 물건을 묘사해 보세요.

제2과 구조조사 '地'

一 구조조사 '地'

중국어에서 형용사는 보통 동사를 수식하지 않습니다. 예를 들면,

我高兴唱。(*)

'나는 기쁘게 부른다' 라는 표현을 하려면 한국어와 같이 '게'에 해당하는 단어가 필요합니다. 중국어에서 '地' 는 바로 이런 역할을 합니다. '地' 는 다음자인데 다른 발음은 'dì'이고 땅이란 의미입니다. 다른 구조조사와 구별하기 위해서 구조조사 '地' 는 구어에서 자주 '土也地'로 표현됩니다.

我高兴地唱。나는 기쁘게 노래한다.

'地'는 형용사를 부사로 만들어, 동사를 수식한다고 할 수 있습니다. '地' 앞에 있는 형용사가 뒤에 있는 동사의 동작을 설명합니다. 보통 '地' 뒤에 동사가 나옵니다. 문장 구조는 '형용사+地+동사'입니다.

다음 구절이나 문장을 읽어 보세요.

我高兴地散步。	나는 기쁘게 산책한다.
他很快地跑过去。	그는 재빠르게 달려 간다.
你慢慢地说。	천천히 말씀하세요.
他安静地看书。	그는 조용히 책을 본다.

二 2음절 형용사 뒤

'地' 는 형용사의 중첩. 2음절 형용사등의 뒤에 붙여서 사용 가능합니다. 우선 2음절 형용사부터 보겠습니다.

小心地做	조심스럽게 한다.
高兴地笑	기쁘게 웃다
漂亮地完成工作	예쁘게 일을 완성한다
不断(duàn)地下雨	끊임 없이 비가 온다

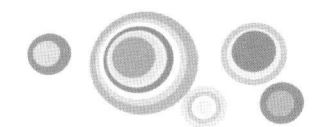

연습: 해석

热情地工作

舒服地休息

认真地学习

难过地哭

开心地唱歌

仔细地检查

快乐地生活

简单地吃饭

可爱地笑

清楚地知道

三 형용사 중첩 뒤

　형용사를 중첩해서 사용하면 강조의 의미를 갖게 됩니다. 이때 뒤에 나오는 음절은 가볍게 경성으로 읽습니다. 중첩될 때에는 '아주'로 해석합니다. 중첩한 후 더 이상 다른 정도보어와 같이 사용하지 않습니다. 예를 들면,

大大的苹果=很大的苹果 아주 큰 사과

小小的书包=很小的书包 아주 작은 가방

很大大的苹果 （*）

1. 단음절 형용사의 중첩

他的头发长长的。

他的眼睛大大的。

他的个子高高的。

他的头圆圆的。

他的头发黑黑的。

他的皮肤白白的。

他的脸红红的。

他的眉毛粗粗的。

天空蓝蓝的。

这个房子大大的。

你好好儿地说话。

我们慢慢地走吧。

你好好儿地睡吧。

月亮高高地挂在天上。

你明天要早早地出发。

我要甜甜地睡一觉。

我远远地看着他。

2. 2음절의 형용사의 중첩

房间里干干净净的

高高兴兴地吃饭

随随便便地买东西

整整齐齐地放着

安安静静地看书

认认真真地听课

清清楚楚地说话　　舒舒服服地洗个澡　　奇奇怪怪地走路

明明白白地记住　　漂漂亮亮地完成工作　　简简单单地生活

快快乐乐地长大　　马马虎虎地做作业

四 연습

빈칸에 '的' 나 '地' 를 채우고 해석해 보세요.

1. 秋天____晚上，月亮挂在天上，月光照在我____床上，我突然想家了。

2. 这首诗是谁写____？

3. 他一次又一次____把手机打开。

4. 天安门广场成了欢乐____海洋。

5. 他高兴____把小狗带回了家。

6. 在我6岁____时候，我去了法国。

7. 学生们在教室里安静____看书。

8. 把这些书整整齐齐____放好。

9. 明天你要早早儿____起床。

10. 他的眼睛大大____。

11. 他认真____看了一遍这个题。

12. 我仔细____观察了一下花上面____叶子。

13. 春暖花开____时候，我再飞回来。

14. 他悄悄____来到了医院，没有告诉他____家人。

15. 我看这部电影____时候，感动得留下了眼泪。

16. 他深情____看着他的女朋友说："我爱你。"

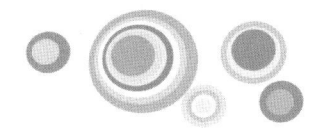

제3과 구조조사 '得'

'得'는 동사나 형용사 뒤에 사용되어 정도보어를 이끄는 역할을 합니다. 이것도 한국어의 '게'로 해석할 수 있지만 부사 역할이 아닌 보어 역할을 한다는 것을 주의해야 합니다. 예를 들면,

他高兴地笑了。 他高兴得笑了。

두 문장의 문법은 모두 맞지만 앞 문장은 '그는 기쁘게 웃었다' 란 뜻이고 중점은 동사에 있는 반면, 뒤의 문장은 '그는 기뻐서 웃었다' 로 해석되며, 중점은 뒤에 있습니다. 상용 구조는 '동사/형용사+'得'+형용사/동사'입니다.

一 동사 + '得' + 정도 보어

정도보어가 나오는 문장의 의미의 중점은 정도보어에 있습니다. 그래서 정도보어를 더 강하게 읽어야 합니다. 정도보어는 행위이나 동작의 정도를 말해 줍니다.

연습: 해석

他回答得很对。

你做得很好。

姐姐跳得很好。

姐姐跳舞跳得很好。

他游得很慢。

他游泳游得很慢。

热水凉得很快。

他说得很好。

他说韩语说得很好。

我吃得很快。

我吃饭吃得很快。

他走得快。

他走路走得很快。

儿子跑得很快。

儿子跑步跑得很快。

我家的小狗每天吃得很多。

我坐得很累。

我坐车坐得很累。

女儿眼睛长得真好看。

他起得很早。

他睡得很晚。

他吃得很多。

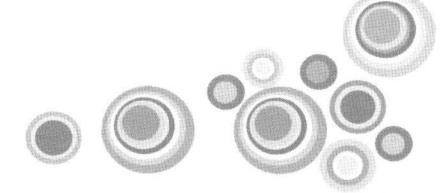

他起得早，睡得晚。

孩子们高兴得跳了起来。

我把小猫喂得很饱。

我今天穿得很少。

'很'이 정도보어로 사용되면 상태의 정도가 심한 것을 나타냅니다.

今天冷得很。

这个菜好吃得很。

韩国的夏天热得很。

这首音乐好听得很。

我今天的心情好得很。

这部电影在中国受欢迎得很。

你的想法好得很。

二 동사 + '得' + 가능 보어

'得' 뒤에 가능보어가 나올 때, 구조는 '동사 + '得'+ 동사'가 일반적입니다.

你听得懂吗？ = 你能听懂吗？

做得完 = 能做完

吃得完 = 能吃完

来得了

买得到

走得上去

看得清楚

吃得饱

今天下午4点你回得来回不来？

你吃得完三个水饺吗？

你喝得完这些水吗？

你看得懂中文书吗？

你听得懂我说话吗？

你用得了这些笔吗？

你一个月用得了一亿元吗？

부정형은 '得'대신 동사 가운데 '不'를 사용합니다.

我听不懂。 做不完....

三 연습

빈칸에 '的/地/得'를 골라서 채운 후에 해석해 보세요.

1. 这本汉语书是爸爸在网上给我买____。

2. 他想着想着，伤心____哭了起来。

3. 他感动____流下了眼泪。

4. 他____汉语说____像中国人一样好。

5. A：这是你的收音机吗？B：对，是我____。

6. 桌子旁边站着____那个人是我____中学同学。

7. 妈妈今天穿____很漂亮，因为她要去参加家长会。

8. 妈妈穿____那件衣服很漂亮，那件衣服是在百货商店我和她一起买____。

9. 中国人吃饭____时候一般用木头筷子，韩国人吃饭____时候习惯用铁筷子。

10. 我不喜欢白____，我喜欢黑____。

11. 这件衣服是我姐姐送给我____。

12. 他退休了，现在在山上无忧无虑____生活着。

13. 太阳慢慢____下山了。

14. 太阳____脸变____更红了，他轻轻____走向西山____后面。

15. 不知不觉，我们毕业已经两年了，时间过____真快啊！

16. 小鸟在森林里愉快____唱歌。

17. 爸爸高兴____穿上了我给他买____新衣服。

18. 爸爸回来后，吃了一点儿饭，又急急忙忙____去了公司。

19. 你游泳游____真好，怪不得能拿游泳比赛____第一名呢！

20. 我最近吃____太多，结果变胖了。

21. 今天我去了朋友家，我们玩儿____很高兴。

22. 他紧紧____握住我的手，流出了高兴____眼泪。

23. 我想自己静静____呆一会儿。

24. 他大口大口____吃着蛋糕看电视。

25. 看到有人来了，兔子飞快____跑走了。

26. 地铁在飞快____行驶着。

27. 忽然一阵大风，吹____我____头发都乱了。

28. 他____妈妈喜欢可爱____花儿，所以母亲节____时候，他会送给妈妈很多花儿。

29. 我会给小猫一个温暖____家，会很好____照顾它。

30. 他今天来公司来____很早，因为昨天____工作还没做完。

31. 我哥哥长____比我高，我长____比我哥哥帅。

32. 那个学生的英语说____非常好。

33. 这把椅子是我爸爸____。

34. 妈妈告诉我要做一个诚实____人。

35. 我真心希望你过____幸福。

36. 小孩儿看到了屋子里有新____玩具，高兴____跑了过去。

37. 细心____研究人员发现，很多人会在经济不好时买口红。

38. 经过5个月的努力，他终于顺利____通过了HSK五级考试。

39. 我们要学会用发展____眼光来看待问题。

40. 那个时候，有书的人不肯轻易____把书借给别人。

41. 我们家旁边住____是一个大明星。

42. 小明一直这样刻苦____学习，所以他能成为很有学问____人。

43. 兔子比乌龟跑____快，乌龟比兔子跑____慢。

44. 我不相信你说____话。

45. 乌龟不停____爬呀爬呀，最后终于超过了兔子。

46. 我们举行画画比赛吧，谁画____好，谁就赢了。

47. 他的儿子骑马骑____太快，结果从马背上摔了下来。

48. 昨天晚上太热了，热____我没睡着觉。

49. A：你能帮我做一件事吗？B：好____，没问题。

50. 奶奶看到我，激动____说不出话来，只是紧紧____抓着我____手，不停____流泪。

제4과 자유회화

1. A: 你有自己的杯子吗？

   B: 我有自己的杯子。

   A: 你的爱好是什么？

   B: 我的爱好是踢足球。

   A: 你的汉语说得好吗？

   B: 我的汉语说得不太好。

   A: 你们家附近的飞机场叫什么名字？

   B: 我们家附近的飞机场叫仁川机场。

   A: 你们家的猫的名字叫什么？

   B: 我们家的猫的名字叫果果。

   A: 你们家冰箱里的东西是谁买的？

   B: 我们家冰箱里的东西是妈妈买的。

   A: 你的数学课难不难？

   B: 我的数学课很难。

   A: 你的同学现在都在做什么？

   B: 我的同学现在都在学习。

   A: 你的家大不大？

   B: 我的家很大。

   A: 左边的人是谁？

   B: 左边的人是我的同学。

2. A: 这个学期考试的时间是几月几号？

   B: 这个学期考试的时间是5月18号。

   A: 你看得懂中国的报纸吗？

   B: 我看不懂中国的报纸。

   A: 你的房间干净吗？

   B: 我的房间非常干净。

   A: 你妈妈帮助你打扫你的房间吗？

   B: 我妈妈帮助我打扫我的房间。

   A: 旁边的人是你们班的同学吗？

   B: 旁边的人不是我们班的同学。

   A: 你爸爸的办公室大不大？

   B: 我爸爸的办公室很大。

   A: 韩国个子高的人多不多？

   B: 韩国个子高的人很多。

3. A: 你的鼻子高不高？

   B: 我的鼻子不太高。

   A: 你的笔记本多不多？

   B: 我的笔记本很多。

   A: 你们家的冰箱里面有没有可乐？

   B: 我们家的冰箱里面有可乐。

   A: 你住的城市里有没有大的超市？

   B: 我住的城市里有一个很大的超市。

   A: 这里人多不多？

   B: 这里人不太多。

   A: 你喜欢漂亮的衣服吗？

   B: 我喜欢漂亮的衣服。

A: 你是一个聪明的孩子吗？

B: 我是一个聪明的孩子。

A: 你认为自己是一个好人吗？

B: 我认为自己是一个好人？

A: 你认为自己是一个坏人吗？

B: 我不认为自己是一个坏人。

4.A: 你喜欢安静的学习环境吗？

B: 我喜欢安静的学习环境。

A: 你吃饱的时候开心吗？

B: 我吃饱的时候很开心。

A: 这个城市发生了很大的变化吗？

B: 这个城市发生了很大的变化。

A: 你觉得别人的东西看起来更好吗？

B: 不，我不觉得别人的东西看起来更好。

A: 你想用一个更大一点的冰箱吗？

B: 我不想换冰箱。

A: 这个城市的环境好不好？

B: 这个城市的环境还可以。

A: 你喜欢美丽的花园吗？

B: 我喜欢美丽的花园。

A: 你是一个聪明的人吗？

B: 我是一个聪明的人。

5.A: 你有短的裙子吗？

B: 我有很多短的裙子。

A: 你喜欢穿黄裙子吗？

B: 我不喜欢穿黄裙子。

A: 你喜欢做简单的问题还是难的问题？

B: 我喜欢做简单的问题。

A: 你喜欢穿旧衣服还是新衣服？

B: 我喜欢穿新衣服。

A: 你喜欢很老的医生吗？

B: 我不喜欢很老的医生。

A: 你喜欢你自己难过的样子吗？

B: 我不喜欢我自己难过的样子。

A: 你爸爸年轻的时候帅吗？

B: 我爸爸年轻的时候很帅。

A: 你妈妈年轻的时候漂亮吗？

B: 我妈妈年轻的时候很漂亮。

A: 你喜欢很胖的人吗？

B: 我不太喜欢很胖的人。

6.A: 你见到过奇怪的人吗？

B: 我见到过奇怪的人。

A: 你能听清楚我说话吗？

B: 我能听清楚你说话。

A: 你喜欢工作认真的人吗？

B: 我喜欢工作认真的人。

A: 你是一个充满热情的人吗？

B: 我是一个充满热情的人。

A: 你觉得帮别人忙的人可爱吗？

B: 我觉得帮别人忙的人都很可爱。

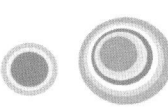
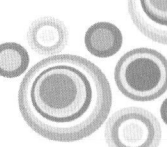

A: 你帮过别人的忙吗?

B: 我帮过别人的忙。

A: 你妈妈做的菜好吃吗?

B: 我妈妈做的菜很好吃。

A: 你唱歌的时候帅吗?

B: 我唱歌的时候很帅。

7.A: 汉语课上迟到的人能进教室吗?

B: 汉语课上迟到的人能进教室。

A: 这本书里出现的词语难吗?

B: 这本书里出现的词语都很难。

A: 这是爸爸给你买的手机吗?

B: 这是爸爸给我买的手机。

A: 今年你要去旅游的地方是哪里?

B: 今年我要去旅游的地方是夏威夷。

A: 在你们家里经常去银行的人是谁?

B: 在我们家里经常去银行的人是我的妈妈。

A: 在你们家里经常去图书馆的人是谁?

B: 在我们家里经常去图书馆的人是我的爸爸。

A: 你爸爸每天要解决的问题多不多?

B: 我爸爸每天要解决的问题很多。

A: 你爸爸每天要解决的问题难不难?

B: 我爸爸每天要解决的问题很难。

A: 你爸爸决定的事情能改变吗?

B: 我爸爸决定的事情能改变。

8. A: 了解你的人是谁?

B: 了解我的人是我的爸爸妈妈。

A: 不了解你的人是谁?

B: 不了解我的人是我的朋友。

A: 你喜欢工作努力的人吗?

B: 我喜欢工作努力的人。

A: 你有爬山的爱好吗?

B: 我没有爬山的爱好。

A: 你有骑马的爱好吗?

B: 我没有骑马的爱好。

A: 你有旅游的爱好吗?

B: 我有旅游的爱好。

A: 你旅游的时候开心吗?

B: 我旅游的时候很开心。

A: 哪本书是你的?

B: 这本书是我的。

9. A: 今天早上给你打电话的是谁?

B: 今天早上给我打电话的是我的妈妈。

A: 坐在你左手边的是谁?

B: 坐在我左手边的是我的同学。

A: 下课以后你要去的是哪里?

B: 下课以后我要去的是学校。

A: 在你们家喜欢看新闻的是谁?

B: 在我们家喜欢看新闻的是我的爸爸。

A: 你的朋友里面戴眼镜的有谁?

B: 我的朋友里面戴眼镜的有张三,李四。

A: 你现在最需要的是什么？

B: 我现在最需要的是休息。

A: 你前边站着的是谁？

B: 我前边站着的是我的老师。

A: 小狗最喜欢吃的是什么？

B: 小狗最喜欢吃的是肉。

A: 你能说一下你的样子吗？

B: 好。我的头发长长的，我的眼睛大大的，个子高高的，我的头圆圆的，我的头发黑黑的，我的皮肤白白的。

10.A: 你家的房子大吗？

B: 我家的房子大大的。

A: 你的眉毛粗吗？

B: 我的眉毛粗粗的。

A: 你明天要几点起床？

B: 我明天要早早起床。

A: 你的房间干净吗？

B: 我的房间干干净净的。

A: 你想怎么生活？

B: 我想简简单单地生活。

A: 老师让你怎么说话？

B: 老师让我清清楚楚地说话。

A: 妈妈让你怎么听课？

B: 妈妈让我认认真真地听课。

A: 你跳舞跳得好吗？

B: 我跳舞跳得不好。

11.A: 你游泳游得快吗？

B: 我游泳游得很慢。

A: 热水凉得快吗？

B: 热水凉得不快。

A: 你说汉语说得好吗？

B: 我说汉语说得不好。

A: 你说英语说得好吗？

B: 我说英语说得很好。

A: 你吃饭吃得快吗？

B: 我吃饭吃得很快。

A: 你走路走得快吗？

B: 我走路走得很快。

A: 你跑步跑得快吗？

B: 我跑步跑得很慢。

A: 你们家的小狗每天吃得多吗？

B: 我们家的小狗每天吃得很多。

12.A: 你的眼睛长得好看吗？

B: 我的眼睛长得很好看。

A: 你昨天起得早吗？

B: 我昨天起得很早。

A: 你昨天睡得晚吗？

B: 我昨天睡得很晚。

A: 你今天中午吃得多吗？

B: 我今天中午吃得很多。

A: 今天你穿衣服穿得少吗？

B: 今天我穿衣服穿得很少。

A: 今天冷吗？

B: 今天冷得很。

A: 中国菜好吃吗？

B: 中国菜好吃得很。

A: 韩国的夏天热吗？

B: 韩国的夏天热得很。

A: 你一次吃得完三个水饺吗？

B: 我一次吃得完三个水饺。

13.A: 你喝得完三瓶可乐吗？

B: 我喝不完三瓶可乐。

A: 你看得懂中文书吗？

B: 我看不懂中文书。

A: 你听得懂老师说话吗？

B: 我听得懂老师说话。

A: 你一个月用得了一亿元吗？

B: 我一个月用不了一亿元。

A: 在韩国买得到苹果手机吗？

B: 在韩国买得到苹果手机。

A: 如果没有电梯你上得来吗？

B: 如果没有电梯我上不来。

A: 黑板上的字你看得清楚吗？

B: 黑板上的字我看得清楚。

제5과 강조문 '是...的'

'是...的' 구형은 중국어에서 많이 사용됩니다. 과거를 강조하는 경우가 많은데 보통 한국어의 '한 것이다'로 해석합니다. '是...的' 는 없어도 문법이 틀리지 않은데 있을 때 그 가운데에 있는 내용을 강조합니다. 예를 들면,

我去公园了。　나는 공원에 갔다.

我是去公园的。 나는 공원에 간 것이다. (다른데 안 갔고 공원에 간 것이다)

是我去公园的。 공원에 간 사람이 나다. (다른 사람이 아니고 나다)

'是...的' 는 동작의 시간,장소,방식 등등을 다 강조할 수 있습니다.

주어	是	부사어	동사	的	강조된 부분
我	是	从中国	来	的	장소
我	是	昨天	来	的	시간
我	是	坐飞机	来	的	방식
我	是	为了见朋友	来	的	목적
我的话	是	对你	说	的	대상
电话	是	用手机	打	的	공구
作业	是	在朋友的帮助下	完成	的	조건

一 장소 강조

목적어를 강조하는 것 외엔 '的' 는 보통 문장의 끝에 나옵니다. '是' 는 강조하고 싶은 부분 앞에 놓습니다. 장소 앞에 놓을 경우, 장소를 강조합니다. 예를 들면,

我是去学校的。　　　　　　　　　我是到中国去的。

我是来你家玩儿的。　　　　　　　妈妈是在商店买的。

他是去百货店的。

老师是去办公室的。

我上个周末是去朋友家的。

我是来这儿学习的。

这个包儿是在中国买的。

我是在中国出生的。

二 시간 강조

'是' 는 시간 앞에 놓을 경우, 시간를 강조합니다. 예를 들면,

我是昨天去学校的，不是前天。

我是昨天来上海的，不是今天。

我是去年去中国的，不是前年。

我妈妈是今天早上5点起床的。

我是30分钟前到的。

我是2010年出生的，不是2000年。

运动会是10点开始的，不是8点。

这台电脑是去年买的，不是今年。

三 방식 강조

'是' 는 방식을 표현하는 단어 앞에 놓을 경우, 방식를 강조합니다. 예를 들면,

我是坐飞机来的。

我昨天是坐火车来的。

爸爸是开车去上班的。

妈妈是骑自行车去奶奶家的。

我是走着来的。

弟弟是坐公交车去学校的。

我是坐地铁来的。

我是用纸做的飞机。

我是用笔写字的。

我是用黑板擦擦黑板的。

四 목적어 강조

是…的' 는 동작의 주체나 대상도 강조할 수 있습니다.

동작의 대상	是	동작의 주체	동사	的
饭	是	我	吃	的
水	是	我	喝	的

手机	是	妈妈	给我买	的
手术	是	医生	做	的
教室	是	老师	打扫	的
饭	是	谁	吃	的？
水	是	谁	喝	的？

목적어를 강조할 때, '是'는 목적어 앞에 놔야 합니다. 예를 들면,

我吃的是饭。

我喝的是水。

他做的是作业。

他踢的是足球。

我买的是衣服，不是电脑。

我坐的是公交车，不是地铁。

我用的是电脑，不是手机。

我见的是女朋友，不是男朋友。

我喜欢的是他，不是你。

五 여러 가지의 강조

'是'는 강조하고 싶은 부분 앞에 놓기 때문에 그 강조된 부분을 말할 때 억양이 더 세야 합니다.

我昨天早上9点坐飞机去韩国看朋友。

다음 문장들을 읽어 보세요.

是我昨天早上9点坐飞机去韩国看朋友的。 (주어 강조)

我是昨天早上9点坐飞机去韩国看朋友的。 (시간 강조)

我昨天早上是9点坐飞机去韩国看朋友的。 (시간 강조)

我昨天早上9点是坐飞机去韩国看朋友的。 (방식 강조)

我昨天早上9点坐飞机是去韩国看朋友的。 (동작 강조)

我昨天早上9点坐飞机去韩国是看朋友的。 (동작 강조)

我昨天早上9点坐飞机去韩国看的是朋友。 (목적어 강조)

강조하는 부분에 따라 어기 또한 달라집니다.

연습: '是'를 여러곳에 놓고 읽어 보세요.

我爸爸去年秋天从中国北京买来了一个大书包。

中国人喜欢红色和黄色。

今天早上9点我的爸爸和妈妈坐汽车去了我的学校见我的老师和同学。

昨天早上10点我去图书馆看书了。

他喜欢用电脑或者手机上网给妈妈买衣服。

我昨天穿着红色的衣服去咖啡厅见我的朋友了。

妈妈星期天在家里洗家人的衣服了。

他每天的工作时间是早上9点到晚上10点。

我没有时间和朋友们见面聊天。

妈妈让我去帮助弟弟和妹妹打扫爸爸的房间。

我用一天的时间做完了所有的中文作业。

六 부정문

부정문은 '不是...的' 입니다.

我吃的不是饭。

我喝的不是水。

他做的不是作业。

我妈妈不是今天早上5点起床的。

我不是30分钟前到的。

연습: 위의 예문들을 부정형으로 만들어 보세요.

단, 예외가 있습니다. 다음 몇 가지의 문장의 부정형은 '不是…的' 가 아니고 '是+不…的' 입니다. 이중부정도 화자의 의견을 강조하기 위해서 많이 사용합니다.

유형	긍정	부정	이중부정
是+부사어+형용사+的	你的想法是很对的。	你的想法是很不对的。	你的想法不是不对（的）。
是+능원동사+동사+的	你是会做这些题的。	你是不会做这些题的。	你不是不会做这些题（的）。
是+동사+가능보어+的	这座山我是爬得上去的。	这座山我是爬不上去的。	这座山我不是爬不上去（的）。
화제+是+심리동사+的	这件事我是知道的。	这件事我是不知道的。	这件事我不是不知道（的）。
주어+是+심리동사+목적어+的	我是知道这件事的。	我是不知道这件事的。	我不是不知道这件事（的）。

연습: '是…的'로 문장 바꾸기; 그 후 부정문과 이중부정문으로 바꾸기;

(1) 我不同意你的意见。

(2) 这里的环境让人非常满意。

(3) 这些问题很难解决。

(4) 你的办法有效。

(5) 我认识那个人。

(6) 我了解这件事情。

(7) 你在想什么，我不知道。

(8) 你不需要知道我是谁。

(9) 爸爸妈妈不懂我的心。

(10) 所有的问题都会被解决的。

七 연습

1 今年夏天   的   我   结婚   是

2 的   哪一年   你   毕业   是   从大学

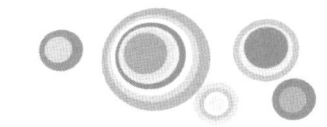

3 去年　　我的弟弟　　出生　　是　　的

4 这本书　　帮我　　买　　的　　他　　是

5 送给　　是　　的　　爸爸　　这件礼物　　我

6 是　　我　　买　　在北京　　的　　这本书

7 我　　昨天　　坐飞机　　早上9点　　的　　去看　　朋友　　是

8 你　　什么　　是　　来　　的　　时候

9 你　　哪里　　是　　从　　的　　来

10 跟他们　　我　　一起　　爬　　的　　上去　　是

제6과 연동문

중국어에서 한 문장에는 보통 한 개의 동사만 나옵니다. 그러나 예외도 있습니다. 연동문이 바로 그 예외중 하나입니다. 연동문은 중국어로 '连动句'인데 두 개 이상의 동사가 한 문장에서 같이 나오는 문장 유형입니다. 예를 들면,

我去吃饭。 (나는 가서 밥을 먹는다)

첫 번째 동작은 '가다', 두 번째 동작은 '식사하다'인데, 먼저 가야지 식사할 수 있으니까 두 개의 동사를 연결해서 사용합니다. 3개의 연속 동작이 같이 나올 수도 있습니다.

我坐飞机去中国学习汉语。

첫 번째 동작은 坐飞机, 두 번째 동작은 去中国, 세 번째 동작은 学习汉语입니다.

一 방식

연동문은 6개의 유형으로 나눌 수 있습니다. 첫 번째 유형에서는 앞의 동사가 뒤의 동사의 방식이나 기구를 나타냅니다. 부정형은 앞의 동사를 부정하는 것입니다. 의문형도 첫 번째 동사를 중심으로 질문합니다.

我坐车去学校。	(서술문)
我不坐车去学校。	(현재형 부정문)
我没坐车去学校。	(과거형 부정문)
我坐车去学校了。	(동태조사 了)
我坐车去过学校。	(동태조사 过)
我坐着车去学校。	(동태조사 着)
你坐车去学校吗?	(일반의문문)
你怎么去学校?	(의문대사 의문문)
你坐不坐车去学校?	(정반의문문)
你坐车去学校还是骑自行车去学校?	(선택의문문)

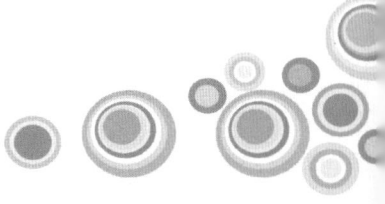

연습: 다음 문장들을 해석한 후 부정문과 의문문으로 만들어 보세요.

我骑自行车上学。　　　　　　　　　　中国人用木头筷子吃饭。

爸爸开车上班。　　　　　　　　　　　我用电脑上网。

他坐地铁去首尔。　　　　　　　　　　我用手机玩儿游戏。

我坐飞机去中国。　　　　　　　　　　最近我喜欢用手机拍照片。

韩国人用铁筷子吃饭。　　　　　　　　我喜欢用手机发电子邮件。

二 목적

두 번째 유형은 뒤의 동사가 앞의 동사의 목적인 경우입니다. 첫 번째 동사가 '来/去'인 경우가 많습니다. 부정형과 의문형은 위와 같습니다.

妈妈去商店买东西。　　　　　　　　　(서술문)

妈妈不去商店买东西。　　　　　　　　(현재형 부정문)

妈妈没去商店买东西。　　　　　　　　(과거형 부정문)

妈妈去商店买东西了。　　　　　　　　(동태조사 了)

妈妈去商店买过东西。　　　　　　　　(동태조사 过)

妈妈去商店买东西吗?　　　　　　　　(일반의문문)

妈妈去不去商店买东西?　　　　　　　(정반의문문)

妈妈去哪儿买东西?　　　　　　　　　(의문대사 의문문)

妈妈去商店买什么?　　　　　　　　　(의문대사 의문문)

妈妈去商店还是去超市买东西?　　　　(선택의문문)

연습: 다음 문장들을 해석한 후 부정문 등으로 만들어 보세요.

我去学校学习。　　　　　　　　　　　我很想去美国旅游。

我来梦想中国语学院学习汉语。　　　　我去图书馆做作业。

我去中国留学。　　　　　　　　　　　妈妈回家照顾孩子。

我去洗手间洗澡。	他去商店买衣服。
爷爷去眼镜店买眼镜。	他去地铁站坐地铁。
妈妈去银行换钱。	他去办公室找老师。
他去书店买字典。	我去医院看朋友。
他去北京旅游。	我去他家找他。

三 연속

세번째 유형은 동작의 연속성을 나타낸 경우입니다. 부정형과 의문형은 위와 같습니다.

妈妈拿出手机打电话。	(서술문)
妈妈不拿出手机打电话。	(현재형 부정문)
妈妈没拿出手机打电话。	(과거형 부정문)
妈妈拿出手机打电话了。	(동태조사 了)
妈妈拿出了手机打电话。	(동태조사 了)
妈妈拿出手机打过电话。	(동태조사 过)
妈妈拿着手机打电话。	(동태조사 着)
妈妈拿出手机打电话了吗？	(일반의문문)
妈妈拿没拿出手机打电话？	(정반의문문)
妈妈拿出手机做什么了？	(의문대사 의문문)
妈妈拿出手机打电话还是发短信？	(선택의문문)

연습: 다음 문장들을 해석한 후 부정문 등으로 만들어 보세요.

爸爸穿上衣服，刷了牙，洗了脸，打开门，开上车，去了公司。

他起了床穿上衣服跑了出去。	他上网买衣服。
他带小狗去散步。	我打电话叫他过来吃饭。
校长打开电视看新闻。	妈妈叫你过去。

他走过来和我说话。　　　　　　　　　他打开门进来了。

四 결과

네 번째 유형에서 뒤의 동작은 앞의 동작의 결과를 나타냅니다. 부정형과 의문형은 두 번째 동사를 중심으로 변화합니다.

他见到我哭了。　　　　(서술문)

他见到我不哭。　　　　(현재형 부정문)

他见到我没哭。　　　　(과거형 부정문)

他见到你哭了吗？　　　(일반의문문)

他见到谁哭了？　　　　(의문대사 의문문)

他见到你哭没哭？　　　(정반의문문)

他见到你哭了还是笑了？(선택의문문)

연습: 다음 문장들을 해석한 후 부정문 등으로 만들어 보세요.

我喝酒喝醉了。　　　　　　　　　　我睡觉睡好了。

他跑步跑累了。　　　　　　　　　　我喝水喝多了。

我吃饭吃饱了。　　　　　　　　　　我开会开完了。

我跳舞跳累了。　　　　　　　　　　我洗衣服洗干净了。

五 "有"

다섯 번째 유형은 앞의 동사가 '有'인 경우입니다. 부정형은 '没有'이고 의문형은 '有'를 중심으로 변화합니다. 有 문장은 보통 동태조사 '了 着 过'와 같이 사용하지 않습니다.

我有话对你说。　　　　(서술문)

我没有话对你说。　　　(부정문)

你有话对我说吗？　　　(일반의문문)

你有没有话对我说？　　(정반의문문)

你有什么对我说?   (의문대사 의문문)

연습: 다음 문장들을 해석한 후 부정문과 의문문으로 만들어 보세요.

我有事告诉你。	我有房子住。	你有时间努力准备考试。
我没有钱买东西。	我没有伞用。	最近没有时间上网。
我没有时间做作业。	我没有水喝。	我没有会议参加。
我没有电脑上网。	我没有地方去。	最近没有比赛参加。
我有照相机拍照片。	我没有衣服穿。	这个时间没有地铁能坐。
我有朋友帮助我。	我有礼物送给你。	这件事没有人能完成。
我有中国老师教我学习汉语。	这里有地方玩儿。	没有一个孩子让人放心。
我有咖啡可以喝。	韩国有很多地方可以玩儿。	这个城市没有游泳场可以游泳。

六 보충 설명

여섯 번째 유형은 앞뒤 두 개의 동사가 서로 보충설명하는 관계인 경우입니다.

他躺在床上不起来。	他站着吃饭。
他坐在椅子上学习。	他吃着饭看手机。
他躺在床上睡觉。	他听着音乐学习。
他拿着手机玩儿游戏。	

연습1: 해석

나는 자전거를 타고 친구를 만나러 간다.

나는 사무실에 가서 선생님을 도와 물건을 옮긴다.

엄마는 주방에 가서 밥을 한다.

나는 지하철을 타고 친구를 만나러 간다.

나는 공원에 가서 꽃을 본다.

나는 친구를 도와서 숙제를 검사한다.

선생님이 우리집에 와서 나를 중국어 공부하는 것을 가르친다.

七 연동문과 동태조사

1. 모든 동작이 다 완성했을 때 '了'는 마지막 동사 뒤에나 문장 끝에 놓습니다.

我坐车去学校了。

我去学校学习了。

我去书店买了一本书。

他们坐飞机去了上海。

2. 연속성을 지닌 연동문에서 첫번째 동사만 완료를 했으면 '了'는 첫번째 동사 뒤에 놓을 수 있습니다.

我吃了饭就去找你。

我喝了这杯茶就走。

我做完了作业就给你打电话。

你吃了饭再走吧。

你应该吃了饭就吃药。

你应该吃了药再休息。

3. '过'는 마지막 동사 뒤에만 놓습니다.

我坐飞机去过上海。

我去电影院看过电影。

我用手机上网买过衣服。

我带小狗去散过步。

我来梦想中国语学院学习过汉语。

4. '着'는 첫번째 동사 뒤에 놓습니다.

他看着电视吃饭。

他刷着牙看书。

他开着车看电视。

妈妈开着车打电话。

八 연습

틀린 문장 고치기

(1) 我回家骑自行车了。

(2) 小刘买苹果去商店了。

(3) 我火车旅行。

(4) 我飞机去中国。

(5) 我们都铅笔写汉字。

(6) 小文站着在门口拿着手机等小花。

(7) 我一句话要告诉你。

(8) 我一个会议要参加。

(9) 他哭了见到我。

(10) 我坐过飞机去上海了。

(11) 他吃饭看着电视。

(12) 他走路听着音乐。

(13) 我用过手机玩儿游戏。

(14) 我坐火车去着首尔。

(15) 我每天看书去图书馆。

(16) 我去北京过爬长城。

(17) 我坐过飞机去上海旅游。

(18) 小王看着书坐着呢。

(19) 我不坐火车去过上海。

(20) 我还没去了中国。

(21) 你最近去中国见了不见他？

(22) 他常跟朋友看了电影。

(23) 我已经看了完这本书。

(24) 我们明天吃晚饭了就回去。

(25) 我去泰山照过了很多照片。

(26) 我和姐姐去过泰山爬山了。

제7과 겸어문

一 겸어문

겸어문은 중국어에서 '兼语句'라고 하는데 하나의 단어가 두 가지 역할을 동시한다는 의미입니다. 겸어문에서 한 문장이 두개의 문장으로 나눠질 수 있습니다. 예를 들면,

妈妈叫我吃饭。= 문장1: 妈妈叫我。 + 문장2: 我吃饭。

이 문장은 두개의 작은 문장으로 구성되었습니다. 작은 문장은 구조는 모두 '주어+동사술어+목적어'입니다. 큰 문장에서 첫번째 동사의 목적어와 두번째 동사의 주어가 같은 단어가 담당하고 있어서 이 단어 '我'는 바로 겸어입니다. 겸어가 들어가 있는 문장은 겸어문입니다.

二 명령

겸어문은 크게 4가지로 나눌 수 있는데 첫 번째 유형은 명령의미를 가지는 겸어문입니다. 보통 문장의 첫 번째 동사가 명령의미를 가집니다. '请, 让, 叫, 要' 등이 대표적입니다. 문장 구조는 '주어+동사1+겸어+동사2+목적어'입니다. 부정형은 동사1을 부정하는 형식입니다.

	1主语	2谓语	（2的宾语）（4的主语）	4
1	我	请	他	吃饭。
2	公司	派	他	去美国工作。
3	老师	让	你	交作业。
4	老师	叫	大家	安静一点儿。
5	谦虚	使	人	进步。
6	骄傲	使	人	落后。
7	你	通知	大家	明天开会。
8	我们	请求	老师	下个星期考试。

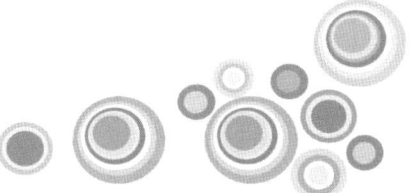

| 9 | 妈妈 | 鼓励 | 我 | 不要放弃学习中文。 |
| 10 | 我们 | 选 | 他 | 当班长。 |

妈妈叫你吃饭。= 妈妈叫你 + 你吃饭

妈妈不叫你吃饭。　　　　　　　　　妈妈叫没叫我吃饭？

妈妈没叫你吃饭。　　　　　　　　　妈妈叫谁吃饭？

妈妈叫我吃饭吗？　　　　　　　　　妈妈叫我还是弟弟吃饭？

연습: 다음 문장들을 해석한 후 부정문과 의문문으로 만들어 보세요.

朋友请我吃饭。　　　　　　　　　　丈夫让妻子上网看电视。

朋友请我坐一下。　　　　　　　　　丈夫让妻子生气了。

妈妈让我去帮助弟弟打扫房间。　　　孩子让妈妈担心。

爸爸让我去学校学习。　　　　　　　他要我给你打电话。

朋友请我去他家玩儿游戏。　　　　　他允许我用手机。

他让我打扫公园。　　　　　　　　　警察禁止人们进入。

经理让我买空调。　　　　　　　　　请你帮我照顾小狗。

他让客人离开。　　　　　　　　　　请你帮我买一点儿水果。

你让我爬山吗？　　　　　　　　　　我请朋友帮我带东西过来。

三 **호칭,인증**

호칭이나 인증 의미를 받는 겸어문도 있습니다. 첫 번째 동사는 호칭/이름이나 인증의미를 갖는 동사입니다. '叫, 称, 骂' 등 단어가 대표적입니다.

我认为你是好人。　　　　　　　　　我们称它为"中国第一山"。

他骂我是坏人。　　　　　　　　　　我们称它为"母亲河"。

老师推荐我去参加比赛。　　　　　　我看你是歌手。

四 '有' 겸어문

첫 번째 단어가 '有'인 경우, 어떤 상황을 설명합니다. 문장 구조는 '주어+'有'+겸어+술어(동사/형용사)'입니다. 부정형은 '没有'입니다.

我有一个朋友叫张三。　　　　　　　你有没有朋友叫张三？

我没有一个朋友叫张三。　　　　　　你有朋友叫张三吗？

	1主语	2谓语	（2的宾语）（4的主语）	4
1	我	有	个　　同学	也在韩国。
2	他	有	个　　朋友	是医生。
3	班里	没有	人	会做这个题。

연습: 다음 문장들을 해석한 후 부정문과 의문문으로 만들어 보세요.

这儿没有人会说汉语。　　　　　　　图书馆里有很多人在学习。

这儿有人懂英语。　　　　　　　　　教室里有很多人在学习汉语。

她又有个孩子在上小学。　　　　　　房间里有两个人在说话。

他有三个孩子在我这儿学习。　　　　办公室里有几个老师在聊天。

我有爸爸帮助我。　　　　　　　　　电影院里有很多人在看电影。

五 선호

이번 유형의 첫 번째 동사는 보통 '증오, 선호, 부러움, 칭찬, 비평' 등 선호를 나타내는 단어입니다.

我喜欢他认真。老师喜欢学生诚实。我不希望你哭。

我不愿意你难过。我羡慕你能结婚。老师夸奖我学习好。

	1主语	2谓语	（2的宾语）（4的主语）	4

1	他们	笑	我	跑得太慢。
2	我	恨	他	不帮助我。
3	我	喜欢	你	做事认真。
4	我	感谢	你	告诉我这件事情。
5	他	埋怨	我	不帮助他。
6	妈妈	担心	我	不安全。
7	老师	表扬	我	学习好。

六 연습

1 作业　老师　赶快　叫　交　你

2 赶快　让　大家　下来　安静　老师

3 我　爸爸　躺下　休息　让　休息

4 饭馆　我　有　朋友　个　一家　开了

5 唱歌　公园里　小鸟　有　两只　在

6 不能　我　担心　完成　他　任务　明天

7 多谢　提醒　你　我

8 你　让　一下　他　我办公室　下午　来到

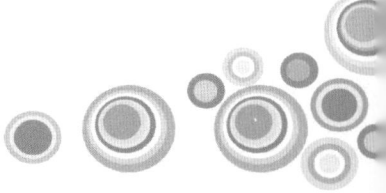

9 事情　　需要　　还有　　这里　　许多　　我们　　去做

10 老师　　报名　　　我们　　　　马上　　　　叫

11 派　　　公司　　　我　　　决定　　　去　　　访问　　　美国

12 回家　　　不　　　我　　　警察　　　　让

13 老师　　　让　　　我　　　去　　　办公室

14 三份　　　这本书　　　请把　　　　打印

제8과 존현문

一 존현문 (存现句)

1. 어순: 시간/ 장소 + 동사 + 불특정 목적어

장소	동사	명사 (존재하는 불특정한 사물/사람)
桌子　上	放着	一本　书
墙　　上	挂着	三幅　画
屋子　里	坐着	两个　学生
门　　两边	站着	两个　人
书包　里面	有	很多　书
桌子　上	摆满　了	书
椅子　上面	坐着	一个　学生
桌子　下	有	一个　玩具
桌子　上	是	一本　书

주의: 뒤에는 반드시 불특정 목적어여야 합니다. 불특정한 목적어란 특정한 것을 지칭하는 지시대사나 수식어가 없는 것입니다.

예: 一个 한 개 / 两个 두개 / 一些 약간 / 一点儿 조금 / 很多 많은 / 许多 허다한 등

*门口站着我妈妈。

门口站着一位妈妈。

门口站着一个人。

一位妈妈站在门口。

2. 동사 뒤에 着를 쓸 수 있습니다.

着 zhe [존대]	~되어 있다/ ~하고 있다 墙上挂着一幅画。 桌子上放着一台电脑。 树下坐着几个人。 门前停着一辆汽车。 路上停着很多辆汽车。 公园里种着一些树。 他的头上戴着一顶帽子。 桌子上放着一个杯子。 书架上放着很多书。 沙发上坐着三个人。

3. 주어인 장소나 시간 앞에서는 전치사 '在' 나 '从'등을 쓰지 않습니다.

*在教室里坐着5个学生。

*在学生前面站着一个老师。

4. 동사 뒤에 了/着 나 방향보어, 결과보어 등을 쓸 수 있습니다.

了 Le [출현]	~됐다/ ~했다[나타남] 前边儿跑来了一个学生。 对面走过来一个美女。 树上飞下来一只小鸟。 前面开来了一辆汽车。 左边过来了一个人。

了 Le [소실]	~됐다/ ~했다[사라짐] 教室里少了一张桌子。 我们宿舍搬走了一个同学。 我们楼里面搬走了一个邻居。 村子里死了两只狗。

시간/장소	동사	명사 (출현/소실된 불특정한 사물/사람)
前面	来了	一个　小孩儿
前面	开过来	一辆　红色的汽车
对面	跑过来	一个　人
屋子里	走出	两个　朋友
我们班	走了	一位　同学
昨天	发生了	一件　大事

5. 존현문에서 동사 '有'를 많이 사용됩니다.

教室里有很多学生。　　　　　　　我家里有一些不用的东西。

门外有许多猫。　　　　　　　　　超市里有很多商品。

办公室里有很多老师。　　　　　　我的钱包里没有钱，只有银行卡。

二 연습

1. 자리 채우기

（1）A 楼前面 B 十几个 C 学生 D。(站着)

（2）A 桌子 B 上 摆 C 一台电脑 D。(着)

（3）A 墙上 B 三个 C 书包 D。(挂着)

（4）A 书包 B 里 C 很多 D 书。(装着)

（5）A 她头上 B 一顶 C 漂亮的帽子 D。(戴着)

（6）A 眼镜 B 要 C 眼睛上 D。(戴在)

（7）A 钱包里 B 放 C 一些钱 D。(着)

（8）A 前面 B 开 C 一辆汽车 D。(过来)

2. 문장 고치기

(1) 房间里走出那个人来

(2) 在桌子上放着很多书

(3) 教室里忽然跑几个孩子进来

(4) 一群人蹲着在草地上

(5) 在去年发生了一件奇怪的事情。

(6) 一辆车停着公园门口

3. 순서 고치기

1 公园门口   一辆   小汽车   停着

2 公园门口   一辆   小汽车   停在

3 一大堆   堆着   书   地板上

4 墙角   一个   不认识的人   蹲着

5 村外　架着　一座　小河上　木桥

6 叫不出名字　花　的　公园里　开着　许多

7 山上　花　开满　各种　美丽的

8 挤满了　观众　教室　整个　都　从远处赶来的

9 汽车　旁边　一个　站着　人

10 摆放着　石狮子　公园大门　两边　各　一头

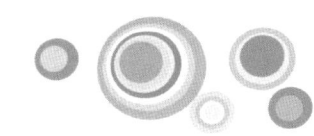

제9과 자유회화

1. A: 今天你是怎么来的?

B: 今天我是走着来的。

A: 你是几点到这儿的?

B: 我是6点到这儿的。

A: 你来这儿是做什么的?

B: 我来这儿是学校汉语的。

A: 昨天是谁送你来的?

B: 昨天是我的妈妈送我来的。

A: 你去学校的时候是谁送你去的?

B: 我去学校的时候是我爸爸送我去的。

A: 你妈妈今天早上是几点起的床?

B: 我妈妈今天早上是5点起的床。

A: 今天我们学习的是第几课?

B: 今天我们学习的是第8课。

A: 去国外旅游的时候你是怎么去的?

B: 我是坐飞机去的。

2. A: 你爸爸是怎么上班的?

B: 我爸爸是开车上班的。

A: 你妈妈是怎么去奶奶家的?

B: 我妈妈是骑自行车去奶奶家的。

A: 你是怎么去学校的?

B: 我是坐公交车去学校的。

A: 你中午吃的是什么?

B: 我中午吃的是韩国菜。

A: 你早上起床后喝的是什么?

B: 我早上起床后喝的是牛奶。

A: 你每天晚上做的是什么?

B: 我每天晚上做的是作业。

A: 你妈妈上网买的是什么?

B: 我妈妈上网买的是衣服。

A: 你手里拿着的是什么?

B: 我手里拿着的是笔。

A: 你用手机玩的是什么?

B: 我用手机玩的是游戏。

3. A: 韩国人用什么吃饭?

B: 韩国人用铁筷子吃饭。

A: 中国人用什么吃饭?

B: 中国人用木头筷子吃饭。

A: 你怎么去首尔?

B: 我坐爸爸的车去首尔。

A: 你怎么玩游戏?

B: 我用手机玩游戏。

A: 你怎么上网?

B: 我用电脑上网。

A: 你怎么拍照片?

B: 我用手机拍照片。

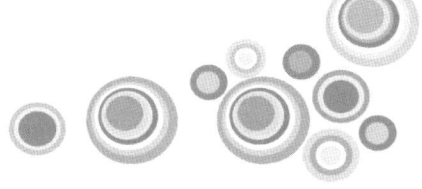

A: 你怎么发电子邮件？

B: 我用电脑发电子邮件。

A: 你妈妈去哪儿买东西？

B: 我妈妈去商店买东西。

4. A: 你去哪儿学校汉语？

B: 我去梦想中国语学院学习汉语。

A: 你想去哪儿留学？

B: 我想去英国留学。

A: 你想去哪儿旅游？

B: 我想去法国旅游。

A: 你在哪儿做作业？

B: 我去图书馆做作业。

A: 你去哪儿买眼镜？

B: 我去眼镜店买眼镜。

A: 人们在哪儿换钱？

B: 人们去银行换钱。

A: 你想去哪儿旅游？

B: 我想去北京旅游。

A: 你喜欢去哪儿买衣服？

B: 我喜欢去商店买衣服。

A: 你要怎么坐地铁？

B: 我要去地铁站坐地铁。

5. A: 你去哪儿找老师？

B: 我去办公室找老师。

A: 你去哪儿见朋友？

B: 我去咖啡厅见朋友。

A: 你妈妈怎么买衣服？

B: 我妈妈上网买衣服。

A: 你爸爸怎么看新闻？

B: 我爸爸打开电视看新闻。

A: 你今天中午吃饭吃饱了吗？

B: 我今天中午吃饭吃饱了。

A: 你今天上课上完了吗？

B: 我今天上课没上完。

A: 你有话对我说吗？

B: 我没有话对你说。

A: 你有事告诉我吗？

B: 我有事告诉你。

6. A: 你有钱买东西吗？

B: 我有钱买东西。

A: 你有时间做作业吗？

B: 我没有时间做作业。

A: 你有时间上网吗？

B: 我有时间上网。

A: 你有照相机拍照片吗？

B: 我没有照相机拍照片。

A: 你有朋友帮助你吗？

B: 我没有朋友帮助我。

A: 你有中国老师教你学习汉语吗？

B: 我有中国老师教我学习汉语。

A: 你有房子住吗?

B: 我有房子住。

A: 你有伞用吗?

B: 我有伞用。

A: 你有水喝吗?

B: 我有水喝。

7.A: 你有酒喝吗?

B: 我没有酒喝。

A: 你有礼物送给我吗?

B: 我没有礼物送给你。

A: 韩国有很多地方可以玩吗?

B: 韩国有很多地方可以玩。

A: 你有时间准备考试吗?

B: 我有时间准备考试。

A: 你有时间玩电脑游戏吗?

B: 我没有时间玩电脑游戏。

A: 最近你有比赛参加吗?

B: 最近我没有比赛参加。

A: 这个时间有地铁坐吗?

B: 这个时间没有地铁坐。

A: 朋友常常请你吃饭吗?

B: 朋友常常请我吃饭。

8.A: 妈妈常常叫你吃饭吗?

B: 妈妈常常叫我吃饭。

A: 妈妈常常让你做什么?

B: 妈妈常常让我打扫房间。

A: 爸爸常常让你做什么?

B: 爸爸常常让我努力学习。

A: 朋友常常让你做什么?

B: 朋友常常让我帮他做作业。

A: 朋友请你去他家玩过吗?

B: 朋友请我去他家玩过。

A: 爸爸让你做过运动吗?

B: 爸爸让我做过运动。

A: 你让妈妈担心过吗?

B: 我让妈妈担心过。

A: 上课的时候老师允许你用手机吗?

B: 上课的时候老师不允许我用手机。

A: 你让妈妈帮你打扫房间吗?

B: 我让妈妈帮我打扫房间。

9.A: 你让妈妈帮你洗衣服吗?

B: 我让妈妈帮我洗衣服。

A: 爸爸让妈妈做饭吗?

B: 爸爸让妈妈做饭。

A: 妈妈让爸爸做饭吗?

B: 妈妈不让爸爸做饭。

A: 你认为自己是好人吗?

B: 我认为自己是好人。

A: 你有一个朋友叫张三吗?

B: 我没有一个朋友叫张三。

A: 这儿有人会说俄语吗?

B: 这儿没有人会说俄语。

A: 这儿有人懂英语吗?

B: 这儿所有人都懂英语。

A: 你们家有几个孩子在上学?

B: 我们家有三个孩子在上学。

10. A: 你们家有几个大人在工作?

B: 我们家有两个大人在工作。

A: 这儿有几个学生在学习?

B: 这儿有三个学生在学习。

A: 图书馆里有很多人在学习吗?

B: 图书馆里有很多人在学习。

A: 教室里有很多人在学习汉语吗?

B: 教室里有很多人在学习汉语。

A: 房间里有几个人在说话?

B: 房间里有三个人在说话。

A: 办公室里有几个老师?

B: 办公室里有两个老师。

A: 电影院里有很多人吗?

B: 电影院里有很多人。

A: 你喜欢你男朋友什么?

B: 我喜欢他认真。

A: 老师夸奖过你学习好吗?

B: 老师夸奖过我学习好。

11. A: 你羡慕你的朋友什么?

B: 我羡慕我的朋友有很多书。

A: 你喜欢别人诚实吗?

B: 我喜欢别人诚实。

A: 你愿意看到你妈妈难过吗?

B: 我不愿意看到我妈妈难过。

A: 你希望看到你妈妈哭吗?

B: 我不希望看到我妈妈哭。

A: 你希望别人幸福地生活吗?

B: 我希望别人幸福地生活。

A: 你希望自己开心地生活吗?

B: 我希望自己开心地生活。

A: 这个周末你去哪里做什么了?

B: 这个周末我去网吧和朋友玩儿游戏了。

A: 你爸爸妈妈经常开着车打电话吗?

B: 我爸爸妈妈不经常开着车打电话。

A: 你妈妈经常看着电视打电话吗?

B: 我妈妈经常看着电视打电话。

A: 你坐飞机去过日本吗?

B: 我坐飞机去过日本。

A: 你坐飞机去过中国吗?

B: 我坐飞机去过中国。

A: 你用手机玩儿过游戏吗?

B: 我经常用手机玩儿游戏。

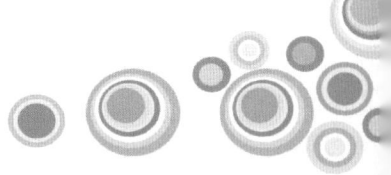

제10과 가능보어

一 가능보어

가능보어는 동사나 형영사 뒤에 놓아 동작의 실현 가능이나 불가능을 표현하는 성분입니다. 한국어로 '~할 수 있다'로 해석할 수 있습니다. 문장 구조는 '동사 + 得 + 결과보어 혹은 방향보어' 입니다. 예를 들면, '我听不懂。' '나는 듣고 이해할 수 없다 (나는 알아듣지 못한다)' 라는 의미입니다. 반대말은 '我听得懂'입니다.

二 가능보어=결과보어=到

문장 구조는 '동사 + 得 + 결과보어'입니다. 예를 들면,

你吃得完三个面包吗? 3개의 빵을 다 먹을 수 있니?

我吃得完三个面包。 다 먹을 수 있다.

我吃不完三个面包。 다 먹을 수 없다.

위 문장에서 '完' 는 바로 결과보어입니다. '(전부) 다'에 해당하는 단어입니다.

중국어	뜻	포함된 의미
吃不了 Chī bùliǎo	다 먹을 수 없다	너무 많아서
办不了 bàn bùliǎo	처리할 수 없다	어려워서
吃不到 chī bú dào	먹을 수 없다	구하기 어려워서
买不到 mǎi bú dào	살 수 없다	구하기 어려워서
吃不惯 chī bú guàn	먹는게 습관하지 못한다	습관되지 못해서
看不惯 kàn bú guàn	보는게 습관하지 못한다	습관되지 못해서
走不动 zǒu bú dòng	걸을 수 없다	힘들어서
搬不动 bān bú dòng	옮길 수 없다	무꺼워서

연습: 해석 (단어집1-100참고, 가능보어 '到' 사용)

(구하기 어렵거나 쉬울 때 '到'를 사용한다.)

1. 나는 이런 컵을 살 수 없다.

2. 한국에서 중국 요리를 먹을 수 없다.

3. 지금은 택시를 잡을 수 없다.

4. 중국에서 한국 티비를 볼 수 없다.

5. 그는 일을 못 찾는다.

6. 중국에서 커피를 마실 수 없다.

7. 당신이 안 보인다.

8. 엄마는 쌀밥을 살 수 없다.

9. 친구의 딸은 사과를 먹을 수 없다.

10. 나는 상점을 찾을 수 없다.

답:

1. 我买不到这种杯子。

2. 在韩国吃不到中国菜。

3. 现在打不到出租车。

4. 在中国看不到韩国电视。

5. 他找不到工作。

6. 在中国喝不到咖啡。

7. 我看不到你。

8. 妈妈买不到米饭。

9. 朋友的女儿吃不到苹果。

10. 我找不到商店。

위의 문장들을 긍정문, 일반의문문과 정반의문문으로 만들어 보세요.

二 가능보어 = 결과보어 = 了

'了'는 두 가지 의미와 발음이 있는데 한가지는 과거형인 'le'이고 다른 한 가지는 완료 의미를 가진 'liao(3성)' 입니다. 두번째의 경우, 완료란 의미를 가져 가능보어에서 많이 사용됩니다.

我吃不了这种面包。

나는 이런 빵을 못 먹어 (맛이 이상해서)

我吃不了这么多面包。

나는 이렇게 많은 빵을 못 먹어 (양이 많아서)

해석은 보통 상황에 따라 다릅니다. 앞뒤가 있어서 정확히 이해할 수 있습니다.

연습: 해석 (단어집101-200참고, 가능보어 '了' 사용)

(능력 되거나 완료할 수 있을 때 '了'를 사용한다.)

1. 他嗓子疼，说不了话了。
2. 汉语太难，我学不了。
3. 这件衣服太大，我穿不了。
4. 你现在去得了医院吗？
5. 我帮助不了你。
6. 他生病了，唱不了歌了。
7. 她感冒了，打不了篮球了。
8. 我肚子疼，坐不了公共汽车。
9. 我头疼，去不了公司了。
10. 这个问题太难，我回答不了。

위의 문장들을 긍정문, 일반의문문과 정반의문문으로 만들어 보세요.

三 가능보어 = 결과보어 = 着

'着'도 두가지 발음이 있습니다. 'zhe'로 사용할 때, 동태조사이고 'zháo'로 사용할 때는 '달하다, 이르다'등의 의미를 나타냅니다.

桌子太高了，我够不着。

我昨天晚上没睡着。

你找着你的手机了吗？

我还没找着我的钱包。

三 가능보어 = 다른 결과 보어

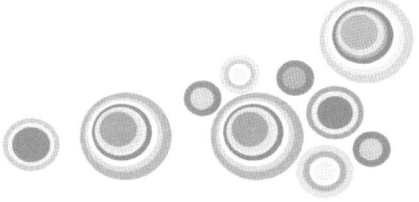

他的电话打不通。

我打不通他的电话。

你能打通他的电话吗?

我吃不惯中国菜。

你吃得惯吗?

你学得会汉语吗?

他听不见我说话。

衣服太脏了,洗不干净。

字太小了,我看不清楚。

作业太多了,写不完。

三 가능보어 = 방향보어

구조는 '술어+得+방향보어'입니다. 방향을 통해 동작의 가능 여부를 표현합니다.

听得进去　　　　　爬不上去　　　　　进不去

听不进去　　　　　进不来　　　　　　拿不出

爬得上去　　　　　进得来　　　　　　拿得出

연습: 해석

他现在拿不出那么多钱。

门关着,他进不来。

山太高,爬不上去。

他眼光太高,一般的女孩儿看不上。

房子太贵,买不起。

这条路太窄了,车开不过去。

我腿疼,上不去了。

今天工作太多,回不去了。

제11과 수량보어

一 수량보어

동사 뒤에서 동작의 횟수나 지속 시간 등을 보충 설명해 주는 성분을 수량보어라고 합니다. 동작의 횟수를 표현하는 보어를 동량보어(动量补语)라고 하고, 동작의 지속시간을 나타내는 보어를 시량보어(时量补语)라고 합니다.

동량보어: 我去过中国三次。

시량보어: 他在中国住了两年。

二 동량보어

동량보어의 기본 구조는 '수사+동량사'입니다. 주로 동사 뒤에서 사용되어, 동작의 횟수를 나타냅니다.

① 목적어가 인명이나 지명과 관련이 있을 때 '동사 + 동량사 + 목적어' 나 '동사+ 목적어 + 동량사'

我去过中国三次。= 我去过三次中国。

我今天去了5趟洗手间。= 我今天去了洗手间5趟。

你去一趟爷爷家。= 你去爷爷家一趟。

我问了王老师两次。=我问了两次王老师。

上个月我去了北京3趟。=上个月我去了3趟北京。

② 목적어가 지시대사, 인칭대사 일 때 - 동사 + 목적어 + 동량사

我见过他一次。 나는 그를 한 번 만난 적이 있다.

我去过那儿三次。

我找过他三次。

我去了那儿五趟。

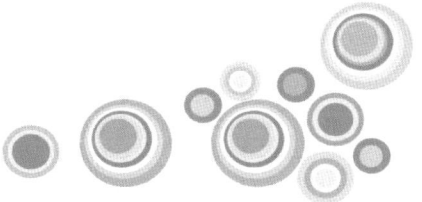

我唱了这首歌五遍。

他踢了我一下。

我打了他一下。

老师批评了他一顿。

我来过这个餐厅两次。

请再读一遍这篇课文。

③ 목적어가 보통명사일 때 '동사 + 동량사 + 목적어'

我给他打了两次电话。

*我给他打了电话两次。

你帮我排一下队。

*你帮我排队一下。

他听了三遍音乐。

*他听了音乐三遍。

上个星期六我跟朋友看了一场电影。

*上个星期六我跟朋友看了电影一场。

三 시량보어

시량보어는 동작의 지속시간이나 경과시간을 표현합니다. 기본 구조는 '수사+시량사'입니다.

1. 지속성을 지닌 동사 뒤에 사용될 때, 동작의 지속 시간을 표현됩니다.

他看书看了五个小时。　　　　　　　他听音乐听了10分钟。

他吃饭吃了三十分钟。　　　　　　　他上大学上了4年。

동사는 지속성 동사일 때, 구조는 '동사+목적어+동사+시량보어'나 '동사+시량보어+(的) 목적어'입니다.

我学汉语学了10年。= 我学了10年（的）汉语。

我看电脑看了五个小时。= 我看了五个小时（的）电脑。

我吃饭吃了30分钟。= 我吃了30分钟（的）饭。

我跑步跑了30分钟。= 我跑了30分钟（的）步。

2. 지속성이 없는 동사 뒤에 사용될 때, 경과된 시간을 표현합니다.

他大学毕业两年了。　　　　　　　　他离开中国10年了。

他退休一年多了。　　　　　　　　　我来韩国5年了。

他病了很多年了。　　　　　　　　　他们结婚10年了。

我们开学一个月了。

동사에 지속성이 없을 때, 구조는 '동사+목적어+시량보어'입니다.

我来中国一年了。

他去北京一个月了。

他们结婚10年了。

四 연습

1. 틀린 문장 고치기

(1) 我看了书一个小时。　　　　　　(6) 他结婚结了三年。

(2) 我们聊天了两个小时。　　　　　(7) 他来北京来了五年了。

(3) 他一年学习汉语了。　　　　　　(8) 我去美国去了很长时间了。

(4) 我等了30分钟你。　　　　　　　(9) 我等一会儿你。

(5) 他毕业毕了十几年。　　　　　　(10) 我爱了一辈子他。

2. 순서 맞추기

(1) 已经　　三年　　学了　　汉语　　我　　了

(2) 一年　　毕业　　大学　　已经　　我　　了

(3) 两　　写作业　　写了　　个　　我　　小时

(4) 等　　等了　　朋友　　十分钟　　我

(5) 我们　　认识　　了　　十年　　已经

(6) 昨天　　我　　见了　　一个小时　　和朋友　　的面

(7) 去年　　几天　　住了　　在北京　　我

(8) 我和　　1年　　结婚　　才　　我　　丈夫

3. 단문 읽기

(1) 동사+시량보어+(명사 목적어)

　　昨天上午10-11点我上了一个小时的汉语课，然后学了两个小时英语，中午我吃饭吃了30分钟，然后睡午觉睡了1个小时。下午2点我去游泳场游了半个小时泳，又去咖啡厅见了朋友，我们聊天儿聊了1个小时，还喝了两杯咖啡。见完朋友以后，我在图书馆看了三个小时的书。在图书馆我突然想起我的手机没拿，所以马上回家找手机，结果找了30分钟才找到。

(2) 비지속동사+(목적어)+시량보어

　　我认识小明快10年了。虽然我们是好朋友，但是大学毕业后我们一直没时间见面。昨天才知道他来北京一个月了。所以昨天我去见了他一面。不过他迟到了，所以我等了他很长时间。

제12과 이합동사

一 이합동사

이합동사는 특수한 동사의 일종입니다. 중국어로 '离合动词'인데 말 그대로 떨어져서도 합쳐서도 사용할 수 있는 동사입니다. 이합동사는 하나의 동사로 여겨지지만 그 안에서 또 '동사+목적어'의 형태로 구분할 수 있습니다. 예를 들면, '结婚'이라는 동사는 '결혼하다'라는 의미를 갖는 하나의 동사로 여겨집니다. 하지만 자세히 풀어보면 '结婚=结+婚=맞다+혼인', '혼인을 맺다'이기 때문에 '결혼하다'로 해석한 것입니다. 이 동사는 이미 목적어를 갖고 있기 때문에 더 이상 목적어를 가질 수 없습니다. 그래서 '我结婚他 (나는 그와 결혼한다)'라는 표현을 쓰지 않고 전치사를 이용해 '我跟他结婚'라고 말해야 됩니다.

二 이합사의 용법

1. 이합동사 뒤에 목적어가 올 수 없습니다.

나는 친구를 만납니다.　　　　　我见面朋友. (x)　我跟朋友见面/我见朋友。（o）

나는 그를 돕는다.　　　　　　　我帮忙他 (x) 我帮他的忙。（o）

선생님이 우리에게 수업해 준다. 老师上课我们 (x) 老师给我们上课。（o）

2. 이합 동사 가운데에 다른 성분을 삽입할 수 있습니다. 구조조사 '了着过' 나 시간구절을 붙일 수 있습니다. 예:

去年我们见过一次面。

我去外面散了一会儿步。

他找我聊了一会儿天儿。

你生过病吗?

我吃了饭就走。

我昨天发了一天烧。

昨天我睡了五个小时觉。

3. 이합동사 뒤에 '得+보어'구조가 올 수 없습니다.

他跑步得很快。	(x)	他跑步跑得很快。	(o)
他游泳得不错。	(x)	他游泳游得不错。	(o)
刘老师上课得很好。	(x)	刘老师上课上得很好。	(o)
昨天晚上你睡觉得怎么样？	(x)	昨天晚上你睡觉睡得怎么样？	(o)
他起床得很早。	(x)	他起床起得很早。	(o)
他跳舞得很好。	(x)	他跳舞跳得很好。	(o)
他走路得很快。	(x)	他走路走得很快。	(o)
他跑步得很慢。	(x)	他跑步跑得很慢。	(o)

4. 일부 이합동사는 중첩해서 사용할 수 있습니다. 중첩 형식은 AAB입니다.

晚饭以后，你可以去外面散步散步。	(x)	晚饭以后，你可以去外面散散步。	(o)
早上我们可以跑步跑步。	(x)	早上我们可以跑跑步。	(o)
别忘了睡觉以前洗澡洗澡。	(x)	别忘了睡觉以前洗洗澡。	(o)
有时间我们见面见面。	(x)	有时间我们见见面。	(o)

三 상용 이합동사

다음 이합동사를 해석해 보세요.

이합동사	예문	해석
见面	跟朋友见面	
帮忙	我帮他的忙	
毕业	我从北京大学毕业了	
留学	我想去中国留学	
生气	他生我的气了	

结婚	他结了两次婚	
握手	我跟他握手了	
睡觉	我睡了三个小时的觉	
游泳	他游了五个小时的泳。	
聊天	我们聊了天，还喝了咖啡。	
洗澡	我洗了三个小时澡。	
理发	我上个月理了两次发。	
唱歌	他唱了一首歌。	
离婚	他离了一次婚。	
跳舞	他跳了三个小时的舞。	
辞职	他辞了职以后就创业了。	
打架	他们打起架来了。	
吵架	我们吵了两次架。	
叹气	他叹了一口气。	
请客	这次我请大家客。	
加油	我为你加油！	
送礼	我给他送礼了。	
上课	现在上开课了。	
上班	他上了班了。	
下班	他下了班就回家了。	
下课	我下了课就去学院。	
放学	你放了学做什么？	
放假	你放几天假？	
出差	你爸爸出几天差？	

谈话	老师跟我谈话了。	
吃饭	我吃了一个小时饭。	
吃亏	这次我吃了大亏。	
操心	妈妈为我操了不少心。	
订婚	他跟我妹妹订婚了。	
录音	我录了他的音。	
起床	我起了床就出门了。	
发烧	他发烧发了很长时间。	
生病	我生了两天的病。	
住院	我住了几天院。	
问好	你代我向你妈妈问好。	
看病	医生给病人看病。	
开车	他开着车听音乐。	

四 연습

1. 他_____走进来。

　　A 唱着歌　　　B 唱歌着　　C 唱歌了

2. 昨天晚上太热了，我_____。

　　A 只睡了三个小时觉　　B 只睡觉了三个小时　　C 只三个小时睡觉

3. 我们曾经请他来_____。

　　A 帮忙过两次　　B 帮过两次忙　　C 帮两次忙过

4. 明天有时间的话，请你_____。

　　A 帮忙我一个　　B 帮一个我忙　　C 帮我个忙

5. 说到伤心处，他不禁_____。

A 叹气一口了　　　B 叹了一口气　　　C 叹气了一口

6. 这次他_____。

　　A 吃亏了很大　　　B 吃亏很大了　　　C 吃了很大亏

7. 父母把我们养大，不知为我们_____。

　　A 操了多少心　　　B 操心了多少　　　C 操多少心了

8. 他们俩刚才又_____。

　　A 打架起来了　　　B 打起架来了　　　C 打架了起来

9. 听说上个月_____。

　　A 小王和小张订婚了　　　B 小王订婚了小张　　　C 小王订的婚小张

10. 他去年_____。

　　A 毕业了大学　　　B 从大学毕业了

제13과 이중목적어를 가진 동사

타동사를 가지는 일반 문장에는 보통 목적어가 하나만 나옵니다. 그러나 이중목적어를 가지는 특수한 경우도 있습니다. 예를 들면, 妈妈给我礼物。'给'는 여기에서 '~에게 주다'라는 뜻의 동사이고 이 동사 뒤에 주는 대상인 '我', 그리고 주는 물건인 '礼物'가 있습니다. 이때 '给'는 이중목적어를 가질 수 있는 특수한 동사입니다. 그 뒤에 따라오는 '선물'은 직접 목적어라고 하며, 대상이 되는 '나'를 간접목적어라고 합니다. 이런 문장의 구조는 '주어+동사+간접목적어 (사람)+직접목적어(물건)'입니다. 이는 영어의 'give sb. sth.'와 같이 사용하기 때문에 영어를 생각하면서 이해하면 더 쉬울 겁니다.

他给我一张票。

我问老师几个问题。

告诉大家一个好消息。

이중목적어를 가질 수 있는 동사가 많지 않습니다. 수여의 의미를 가져야 두개의 목적어를 가질 수 있습니다.

동사	병음	의미	예문
送	Sòng	선물하다	我送她一本书。
给	gěi	주다	我给他一支笔。
还	huán	돌려주다	他还我50块钱。
借	jiè	빌리다	我借他100块钱。
租	zū	세내다,임대하다	我租这个相机一个月。
问	wèn	묻다	我问老师问题。
教	jiāo	가르치다	老师教我们汉语。
拜托	bàituō	부탁하다	我拜托你事情。
转交	zhuǎnjiāo	전해주다	请你转交他这本书。

奖励	jiǎnglì	장려하다	政府奖励这些人一些钱。
告诉	gàosu	알려주다	我告诉了他这件事情。
通知	tōngzhī	통지하다	经理通知我们开会时间。
答应	dāyìng	승낙하다	我答应你这件事。
转告	zhuǎngào	전해주다	请你转告他开会的时间。
委托	wěituō	위탁하다	公司委托我们这项工作。
请教	qǐngjiào	가르침을 청하다	我想请教你一件事情。
送给	sòng gěi	선물해 주다	他送给我香水。
抢	qiǎng	빼앗기다	我抢了他的钱包。
赢	yíng	이기다	我赢了一百块钱。
报告	bàogào	보고하다	我要报告经理这件事情。
喂	wèi	먹여주다	他喂小猫米饭。
赠	zèng	증여하다	他赠图书馆书。

연습: 틀린 문장을 고치세요.

*我要送一件礼物女朋友。

*明天我就还钱你。

*我要告诉一件事妈妈。

*请打电话我。

제14과 자유회화

1. A: 你吃得完三个面包吗?

B: 我吃得完三个面包。

A: 你一顿饭吃得了三碗米饭吗?

B: 我一顿饭吃不了三碗米饭。

A: 在韩国吃得到北京烤鸭吗?

B: 在韩国吃得到北京烤鸭。

A: 在韩国买得到小笼包吗?

B: 在韩国买得到小笼包。

A: 你吃得惯中国菜吗?

B: 我吃不惯中国菜。

A: 你搬得动这张桌子吗?

B: 我搬不动这张桌子。

A: 在韩国晚上11点打得到出租车吗?

B: 在韩国晚上11点打得到出租车。

A: 在韩国看得到中国电视吗?

B: 在韩国看得到中国电视。

A: 最近年轻人找得到工作吗?

B: 最近年轻人找不到工作。

A: 在中国喝得到咖啡吗?

B: 在中国喝得到咖啡。

A: 在网上买得到苹果吗?

B: 在网上买得到苹果。

A: 这附近的商店你找得到吗?

B: 这附近的商店我找得到。

A: 你感冒的时候说得了话吗?

B: 我感冒的时候说得了话,但是说不多。

2. A: 汉语你学得了吗?

B: 汉语虽然有点难,但是我学得了。

A: 这件衣服你穿得了吗?

B: 这件衣服正合适,我穿得了。

A: 你现在去得了商店吗?

B: 我现在去不了商店,因为我要上课。

A: 你帮助得了你爸爸妈妈吗?

B: 我帮助得了我爸爸妈妈。

A: 你生病的时候唱得了歌吗?

B: 我生病的时候唱不了歌。

A: 你感冒的时候打得了篮球吗?

B: 我感冒的时候打不了篮球。

A: 你肚子疼的时候坐得了公共汽车吗?

B: 我肚子疼的时候坐不了公共汽车。

A: 你爸爸头疼的时候去得了公司吗?

B: 我爸爸头疼的时候去不了公司。

A: 你能回答中文问题吗?

B: 中文问题太难,我回答不了。

A: 这个桌子你够得着吗?

B: 这个桌子不高,我够得着。

A: 你昨天晚上睡着了吗？

B: 我昨天晚上没睡着。

A: 你妈妈的电话现在打得通吗？

B: 我妈妈的电话现在打得通。

3. A: 你能打通你爸爸的电话吗？

B: 我能打通我爸爸的电话。

A: 你吃得惯美国菜吗？

B: 我吃得惯美国菜。

A: 你学得会汉语吗？

B: 我学得会汉语。

A: 你听得见我说话吗？

B: 我听得见你说话。

A: 黑板上的字你看得清楚吗？

B: 黑板上的字我看得不太清楚。

A: 你的作业写得完吗？

B: 我的作业太多了，写不完。

A: 你现在能拿出多少钱？

B: 我现在能拿出一万韩元。

A: 如果门关着，你进得来吗？

B: 如果门关着，我就进不来。

A: 你爬得上一千米高的山吗？

B: 我爬不上一千米高的山。

A: 你看得上不漂亮的女孩或者没有钱的男孩吗？

B: 我看不上不漂亮的女孩或者没有钱的男孩。

A: 韩国的房子一般人买得起吗？

B: 韩国的房子太贵，一般人买不起。

A: 今天下午5点，你爸爸回得去吗？

B: 今天下午5点我爸爸不下班，所以他回不去。

A: 你去过中国几次？

B: 我去过中国三次。

4. A: 今天你去了几趟洗手间？

B: 今天我去了五趟洗手间。

A: 你一年去你爷爷家几趟？

B: 我一年去我爷爷家两趟。

A: 你见过刘老师几次？

B: 我见过刘老师很多次。

A: 你去北京去了几趟？

B: 我去北京去了三趟。

A: 你来过这儿几次？

B: 我来过这儿很多次。

A: 你一星期来这儿几次？

B: 我一星期来这儿两次。

A: 你每天给妈妈打几次电话？

B: 我每天给妈妈打五次电话。

A: 你每天给爸爸打几次电话？

B: 我每天给爸爸打两次电话。

A: 你今天看书看了几个小时？

B: 我今天看书看了五个小时。

A: 你今天吃晚饭吃了几个小时？

B: 我今天吃晚饭吃了三十分钟。

A: 你今天听音乐听了几个小时？

B: 我今天听音乐听了二十分钟。

A: 你今天看手机看了几个小时？

B: 我今天看手机看了三个小时左右。

5. A: 在韩国上大学要上几年？

B: 在韩国上大学要上四年。

A: 你学了几年的汉语？

B: 我学了三年的汉语。

A: 今天你运动了多长时间？

B: 今天我运动了二十分钟。

A: 你爸爸和妈妈结婚几年了？

B: 我爸爸和妈妈结婚二十年了。

A: 你小学毕业几年了？

B: 我小学毕业十年了。

A: 你中学毕业几年了？

B: 我中学毕业两年了。

A: 你高中毕业几年了？

B: 我还没有高中毕业。

A: 你哥哥大学毕业几年了？

B: 我哥哥大学毕业三年了。

A: 你哥哥工作几年了？

B: 我哥哥工作五年了。

A: 你跟刘老师见过几次面？

B: 我跟刘老师见过很多次面。

A: 你每天散多长时间的步？

B: 我每天散三十分钟的步。

A: 你生过病吗？

B: 我生过病。

A: 你发过烧吗？

B: 我发过烧。

6. A: 你发烧的时候一般发几天？

B: 我发烧的时候一般发一天烧。

A: 昨天晚上你睡了几个小时的觉？

B: 昨天晚上我睡了十个小时的觉。

A: 你跑步跑得快吗？

B: 我跑步跑得很快。

A: 你游泳游得好吗？

B: 我游泳游得不错。

A: 刘老师上课上得好吗？

B: 刘老师上课上得很好。

A: 昨天晚上你睡觉睡得怎么样？

B: 昨天晚上我睡觉睡得很好。

A: 今天早上你起床起得早吗？

B: 今天早上我起床起得很晚。

A: 你跳舞跳得好吗？

B: 我跳舞跳得不好。

A: 你走路走得快吗？

B: 我走路走得很慢。

A: 你跑步跑得快吗？

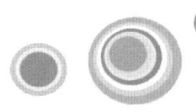
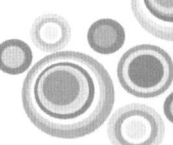

B: 我跑步跑得很慢。

A: 你帮过妈妈的忙吗？

B: 我帮过妈妈的忙。

A: 你帮过妈妈什么忙？

B: 我帮过妈妈刷碗。

7. A: 你帮过爸爸的忙吗？

B: 我帮过爸爸的忙。

A: 你帮过爸爸什么忙？

B: 我帮过爸爸买东西。

A: 你是从哪个小学毕业的？

B: 我是从首尔小学毕业的。

A: 你是从哪个中学毕业的？

B: 我是从首尔中学毕业的。

A: 你想去中国留学吗？

B: 我想去中国留学。

A: 你一个星期游几次泳？

B: 我一个星期游两次泳。

A: 你每天洗澡洗多长时间？

B: 我每天洗澡洗三十分钟。

A: 你一个月理几次发？

B: 我两个月理一次发。

A: 你每天做几个小时的运动？

B: 我每天做一个小时的运动。

A: 你爸爸和妈妈经常吵架吗？

B: 我爸爸和妈妈不经常吵架。

A: 你爸爸和妈妈吵过架吗？

B: 我爸爸和妈妈吵过架。

A: 你爸爸和妈妈吵过几次架？

B: 我爸爸和妈妈吵过三次架。

A: 你和你哥哥姐姐弟弟妹妹打过架吗？

B: 我和我哥哥姐姐弟弟妹妹打过架。

8. A: 你请你的朋友喝过咖啡吗？

B: 我请我的朋友喝过咖啡。

A: 你一个星期上几天课？

B: 我一个星期上六天课。

A: 中秋节的时候韩国人放几天假？

B: 中秋节的时候韩国人放三天假。

A: 你妈妈生过病吗？

B: 我妈妈生过病。

A: 你妈妈生过多长时间的病？

B: 我妈妈生过三天的病。

A: 你住过院吗？

B: 我住过院。

A: 你住了几天院？

B: 我住了三天院。

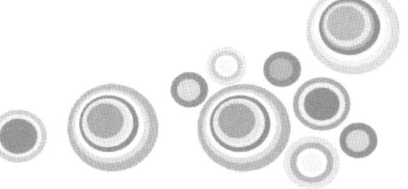

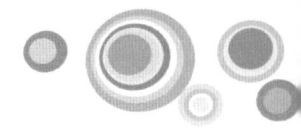

제15과 처치문

一 처치문

중국어 동사술어문 문장의 기본 어순은 '주어+동사+목적어'입니다. 한국어의 '주어+목적어+동사' 구조와 다릅니다. 예를 들면,

我吃苹果了。（o） 我苹果吃了。（x）

그러나 항상 예외가 있듯이, 목적어도 어떤때 동사 앞으로 나올 수 있습니다. 목적어를 앞으로 당겨오는 '통행카드'같은 것 필요한데 그게 바로 '把'입니다. 그래서 목적어가 앞으로 나올 때 이렇게 말하면 됩니다.

我把苹果吃了。 （o）

이와 같은 문장 바로 처치문이라고 하는데 중국어에서 '把字句' 라고 합니다. 목적어는 앞으로 가면서 문장의 중심이 됐다고 할 수 있습니다.
동사 뒤에 보어나 조사가 필요합니다. 동사 하나만으로 처치문 될 수 없습니다.

我把苹果吃完了。（o）   我把苹果吃了。 （o）   你把苹果吃完。 （o）

你把苹果吃。 （x）   我把书看。 （x）   你把书看一下。 （o）

주어	조동사/부사 등	把	목적어	동사	기타성분	유형
你		把	苹果	吃	一下	동사 중첩
你		把	苹果	吃	一吃	
我	刚才	把	苹果	吃	了	동태조사 了
你	应该	把	苹果	带	着	동태조사 着
我		把	苹果	给	朋友	목적어2
我	已经	把	苹果	吃	完了	결과보어
你	必须	把	苹果	吃	下去	방향보어

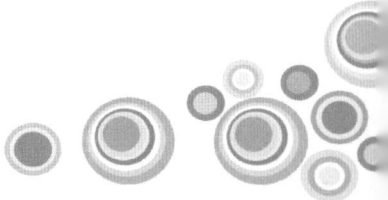

我	真的	把	书	看了	三遍	동량보어
他		把	会议时间	推迟了	一个小时	시량보어
你	一定要	把	房间	打扫	得干干净净	정태보어
你	赶快	把	苹果	还	给我	给+목적어
你	可不可以	把	苹果	放	在桌子上？	在+목적어
你	能不能	把	苹果	送	到我家？	到+목적어
我	想	把	人民币	换	成美元	成+목적어
我	一直	把	你	当	作朋友	作+목적어

二 조동사/부사/부정부사 + 把

조동사(要/能), 부사(已经/一定), 부정부사(不/没) 등은 전치사 ~앞에 나옵니다.

我已经把苹果吃完了。

我没把苹果吃完。

我要把苹果吃完。

练习1：（参考单词1-100）

我已经把这杯茶喝了。　　　　　　　　小猫已经把水喝完了。

我已经把那本书读完了。　　　　　　　大家已经把菜都吃光了。

妈妈已经把米饭做好了。　　　　　　　我一定能把这本书读完。

请一定把朋友叫到家里玩。　　　　　　我没能把水果买回来。

谁要把那个苹果吃了？　　　　　　　　请把杯子放在后面。

不要把这件事告诉爸爸。

请别把桌子放在这儿。

他没能把话说完。

不要把颜色看错了。

三 把 + 목적어 + 동사 + 了

술어인 동사 뒤에 기타 성분이 자주 따라옵니다. 대표적인 성분은 바로 동태조사 '了'입니다. 과거.완료나 변화를 표현할 때 많이 사용합니다. 구조는 '把+목적어+동사+동태조사 了'입니다.

练习2：（参考单词101-200）

爸爸妈妈把爱都给了我。

昨天妈妈把那件衣服洗了。

妈妈把那件衬衫洗了。

女儿把那个鸡蛋吃了。

大家把爱给了他。

服务员把离洗手间近的房间给了那位客人。

我把那块儿手表送给妹妹了。

谁把这件事情告诉爸爸了？

儿子把那块西瓜吃了。

妻子把药吃了。

昨天阿姨把那个房间打扫了。

爸爸把这杯咖啡喝了。

哥哥把去年买的手机卖了。

昨天姐姐把那个很贵的包买了。

她把礼物送给了客人。

我把那块面包吃了。

我把地图给了司机。

四 把 + 동사중첩 AA/A一A/A一下

练习3：（参考单词201-300）

请把这个问题回答一下。

请把名字写一下。

请把护照拿出来检查一下。

我们把这些句子练习一下吧。

你把这些句子读一读吧。

你把作业做一做吧。

你把书看看吧。

你把课上一下吧。

你把晚饭做一下吧。

你把手洗一洗。

能帮忙把冰箱打开一下吗？

五 把…+ 동사 + 결과보어

她把那杯牛奶喝完了。

学生把这节课上完了。

爸爸把那份报纸看完了。

我们把妹妹的生日蛋糕准备好了。

弟弟把那杯果汁喝光了。

去年爸爸把办公室搬到这个地方了。

电梯能把我送到七层。

能把简单的事情做好就可以。

我去机场把朋友接到家里了。

早上我把空调打开了。

我终于把今天的工作做完了。

学生应该把习学好。

睡觉前应该把作业做完。

请把椅子拿到这边。

女儿把小鱼放到河里让它游走了。

妈妈把晚饭准备好了。

请把你的名字写在黑板上。

他总是把重要的事情写在本子上。

六 把… + 동사 + 방향보어

我今天把喜欢的衣服穿出来了。

请把红色和黑色找出来。

请把菜单拿过来。

请把冰箱的门关上。

请把出租车叫过来。

请把服务员叫过来。

妈妈把以前的照片找出来了。

把那本书拿出来。

把手机拿回来。

七 把…+ 동사 + 정도보어

我早上把头发洗干净了。

爸爸在公司把身体忙坏了。

哥哥把弟弟照顾得很好。

饭后不要忘记把碗洗干净。

他能把普通话讲得很清楚。

他把声音调大了。

八 把…+ 동사 + 동량보어

我把这封电子邮件发了三遍。

她把这个故事讲了三次。

把书读一遍。

把故事讲三次。

제16과 피동문

'我吃苹果了。'이란 예문을 계속 보겠습니다. '사과'이라는 목적어가 동사 앞으로 가고 싶을 때 '통행카드'인 '把'가 필요했듯이, '사과'는 맨 앞으로 가고 싶을 때 다른'통행카드'인 '被'가 필요했습니다. 즉 '苹果被我吃了' 이런 문장은 바로 피동문입니다. 일종의 '주어가 목적어에 의해 어떻게 되었다'는 뜻을 나타내는 문장입니다. 중국어에는 '被字句'라고 불립니다.

被자문의 기본 문형은 '동작의 수동체 + 被 동작의 주체 + 동사 + 기타성분 (동태조사,결과보어,정도보어 등)'이며, 부정사, 조동사, 부사는 被 앞에 넣어야 합니다.

练习1：（参考单词1-100）

我被爸爸妈妈疼爱着。　　　　　　　　他和朋友说的话被妈妈听到了。

爸爸被妈妈叫走了。　　　　　　　　　姐姐的那件衣服被妹妹穿走了。

这杯茶被爸爸喝光了。　　　　　　　　房间被借给朋友住了。

电脑被哥哥带走了。　　　　　　　　　妈妈给的零花钱都被他花完了。

出租车被别人叫走了。　　　　　　　　上课的时候打电话被老师看到了。

女儿的朋友被妈妈请到家里了。　　　　妈妈在路上走着走着被后面的人叫住了。

조동사(能/会), 부사(已经/终于), 부정부사(不/没) 등은 전치사 被앞에 나옵니다.

练习2：（参考单词101-200）

那个学生被老师叫走了。　　　　　　　房间被妈妈打扫得很干净。

哥哥被朋友叫去打篮球了。　　　　　　服务员被客人叫了过来。

他很喜欢被别人帮助。　　　　　　　　他做错事情被爸爸打了。

那份报纸被爸爸拿走了。　　　　　　　桌子被人搬到教室后面了。

那个鸡蛋被孩子吃了。　　　　　　　　约会的时候，我不喜欢被人等。

练习3：（参考单词201-300）

学生被老师叫进办公室。　　　　　　　我的自行车被弟弟骑走了。

朋友的生日被我记错了。

朋友被我介绍到爸爸的公司了。

哥哥被人叫去踢足球了。

我的手机被妹妹拿去玩了。

便宜的水果都被人买走了。

丈夫被妻子叫起床。

门被风吹开了。

我喜欢的那个手表被别人买走了。

羊肉被小狗吃掉了。

姐姐被朋友叫去跳舞了。

爸爸被出租车送到机场了。

他做了好事不希望被别人知道。

这个问题被老师讲的很清楚,同学们都听懂了。

练习4:(参考单词301-400)

办公室的地被阿姨打扫得干干净净。

那只小猫被妈妈喂饱了。

灯突然被人关掉了。

树被风刮倒了。

生日蛋糕被我和家人吃完了。

那张地图被发现掉在地上了。

我的包被妹妹拿去了。

他被冬天的风吹感冒了。

他被介绍参加比赛。

小猫吃东西的时候害怕被人发现。

练习5:(参考单词401-500)

这个难题终于被爸爸解决了。

客人被妈妈送走了。

马喜欢被主人骑着。

教室的空调被老师打开了。

奶奶被妈妈带去医院看病了。

铅笔被学生用完了。

历史不能被改变。

出国时护照被要求检查一下。

会议被定在后天举行。

练习6:(参考单词501-600)

出租车被司机开走了。

碗被妈妈放在厨房了。

妻子的生日没有被丈夫忘记了。

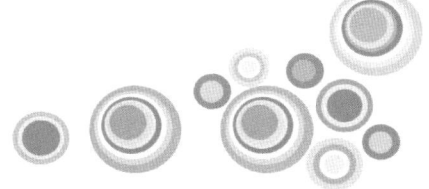

제17과 비교문

一 비교문 유형1

비교문에는 주로 '比'를 사용합니다. 이는 한국어의 '보다'에 해당하는 단어입니다. 그러나 비교문의 구조는 아주 다양합니다.

1. A+比+B+형용사/심리동사 = A는 B보다 어떠하다

해석: 단어집 1-300참고

他比我聪明。　　　　　　　　　　　　巧克力比牛奶黑。

我比弟弟大。　　　　　　　　　　　　羊肉比猪肉好吃。

我比弟弟高。　　　　　　　　　　　　汉语比法语有意思。

姐姐比我漂亮。　　　　　　　　　　　这里比那里远。

今天比昨天热。　　　　　　　　　　　我比你想去中国。

今天比昨天累。　　　　　　　　　　　我比爸爸爱你。

火车比飞机慢。　　　　　　　　　　　我比妈妈想你。

牛奶比巧克力白。

2. 부정형: A+不比+B+형용사 = A는 B보다 어떠하지 않다 A<B or A=B

3. 부정형: A+不如+B+형용사 = A는 B보다 어떠하지 않다 A<B

연습: 위의 문장들을 부정형으로 만들어 보세요.

4. 비교 대상의 생략

뒤에 나오는 비교 대상이 앞과 같으면 생략해도 됩니다.

연습: 해석한후 명사를 생략해 보세요. (단어집 1-300참고)

我姐姐的衣服比我的衣服新。　　　　　　　=我姐姐的衣服比我的新。

网上买的东西比超市里买的东西便宜。

今天的天气比昨天的天气好。

这里的书比那里的书多。

我的电脑比你的电脑小。

我的书比爸爸的书多。

这件衣服比那件衣服贵。

这种咖啡比那种咖啡苦。

这个菜比那个菜好吃。

5. 강조 의미: A+比+B+还/更+형용사/심리동사

= A는 B보다 더 어떠하다

연습: 위의 문장들에 还/更를 붙이고 해석해 보세요.

二 유형2

1. A+比+B+형용사+수량사/一点儿/一些/得多/多了

= A는 B보다 얼마/조금/약간/많이/많이 어떠하다

해석: 단어집 301-500참고

妈妈在商场买的这件衬衫比爸爸在网上买的那件衬衫贵多了。

我比他矮3公分/厘米。

我比弟弟重5公斤/十斤。

我比他聪明一点儿。

这个比那个贵三块钱。

我们班的学生比他们班多10个人。

他的办公室比我的大10平方米。

这个地方比那个地方低得多。

这趟地铁比那趟地铁快多了。

地铁比火车方便得多。

我的房间比弟弟的干净得多。

她的身体比以前坏得多。

她比我年轻得多。

弟弟比我胖得多。

这个问题比那个问题容易得多。

这些水果比那些新鲜得多。

연습: 해석한후 명사를 생략해 보세요.

三 유형3

1. A+有+B+(这么/那么)+형용사/심리동사

=A는 B처럼 (이렇게/그렇게) 어떠하다

해석: 단어집400-600참고

他有我这么高。

他有我这么胖。

他的眼睛有我的这么大。

她的衣服有我的衣服那么贵。

他有我那么聪明。

这条裤子有那条那么短。

今天有昨天那么饿。

地铁有自行车方便。

这件衣服有那双鞋那么旧。

妹妹有弟弟那么可爱。

面条有面包那么好吃。

我有他那么难过。

他有爷爷这么奇怪。

韩国人有德国人那么认真。

他有猴子那么瘦。

这个香蕉有糖那么甜。

他的脸有红苹果那么红。

他有熊猫那么胖。

我有他那么想去中国。

2. 부정문: A+没有+B+(这么/那么)+형용사/심리동사

=A는 B처럼 (이렇게/그렇게) 어떠하지 않다

연습: 위의 문장들을 부정문으로 만들어 보세요.

四 유형4

1. A跟/和+B+一样+형용사/심리동사 = A는 B와 같이 어떠하다

他和我一样高。

他和我一样胖。

今天的新闻跟昨天一样多。

他像以前一样有名。

这本字典和那本一样厚。

这个游戏和那个一样有意思。

这条裙子和那条裤子一样长。

这些客人和那些客人一样多。

米和苹果一样贵。

地铁和飞机一样方便。

厨房和卧室一样大。

他的表演和我妈妈的表演一样有意思。

阿姨和妈妈年纪一样大。

游泳和跑步一样可以减肥。

宾馆的房间和我的房间一样大。

桌子和椅子一样便宜。

公司和学院离家一样远。

我和你一样难过。

我和你一样快乐。

2. A跟/和+B+不一样+형용사 = A는 B와 같이 어떠하지 않다

연습: 위의 문장들을 부정문으로 만들어 보세요.

3. A跟/和+B+一样+심리동사 = A는 B와 같이 ~하다

我和你一样喜欢踢足球。

我和他一样喜欢帮助别人。

他和妈妈一样喜欢黑色。

美国人和韩国人一样喜欢数字7。

我跟你一样想回家。

我跟你一样希望去留学。

我跟你一样想学习汉语。

五 유형5

1. A+像/不像+B+一样+형용사/심리동사 = A는 B처럼 어떠하다

연습: 유형4의 예문을 모두 像를 사용해서 문장 만들어 보세요.

六 유형6

1. 一天/年/个/次...+比+一天/年/个/次+형용사/심리동사

= 갈 수록 더 어떠하다/ 모두 어떠하다

연습: 해석

我们的汉语水平一天比一天高。

天气一天比一天冷。

我们班的女学生一个比一个漂亮。

这儿的饭馆一家比一家好吃。

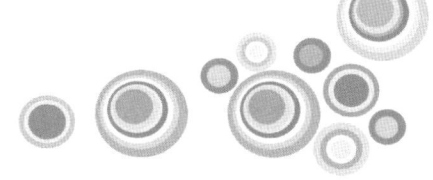

北京的冬天一年比一年冷。

他的个子一天比一天高。

他一天比一天胖。

祝您的身体一天比一天好。

我一天比一天爱你。

我一天比一天想你。

我一天比一天喜欢学习汉语。

七 보어의 비교

보어도 비교될 수 있습니다. 문장구조는 '주어+술어+得+비교문'입니다.

他的汉语说得比我好。

他的汉语说得比我好得多。

他的汉语说得比我好一点儿。

他的汉语说得比我好多了。

他的汉语说得比我还好。

他的汉语说得比我更好。

他的汉语说得不比我好。

他的汉语说得和我一样好。

他的汉语说得像我一样好。

他的汉语说得不如我好。

他的汉语说得有我好。

他的汉语说得有我那么好。

他的汉语说得没有我好。

他的汉语说得没有我那么好。

他的汉语说得一天比一天好。

연습: 문장을 해석한 후 위와 같이 15가지의 비교문으로 만들어 보세요.

我比弟弟长得高。

姐姐比我长得漂亮。

他踢足球踢得像我一样好。

这个菜做得比那个好吃。

这个黑板看得比那个黑板更清楚。

朋友比我的女儿长得漂亮。

他睡觉睡得比昨天晚。

他说话说得比老师快。

他走路走得比我慢。

我吃饭吃得比他多。

他唱歌唱得比我好。

他打篮球打得比我好。

爸爸开车开得比妈妈快。

网上的东西卖得比超市里的便宜。

她跳舞跳得比我好。

他游泳游得比我快。

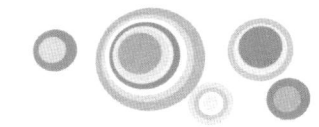

제18과 강조 구문

一 连 Lián … 也 yě (都 dōu) 심지어 ~ 조차도, ~마저도 ~하다

1. 주어 강조: 连 + 주어 + 也/都

连我也不知道这件事情。

连中国人都不认识这个字。

连爸爸也喜欢小狗。

连爷爷都去过那里。

连你都不相信我。

2. 목적어 강조: 连 + 목적어 + 也/都

我连他的名字都不知道。

我连饭都没吃。

他连衣服都没穿就出来了。

我连手机都没带出来。

我连汉语课都没去上。

你连我都不知道吗？

我连那个明星都不认识。

3. 수량사 강조: 连 + 수량사 + 也/都

教室里连一个学生都没有。

爸爸连一分钱都不给我。

他连一个朋友都没有。

我在这里连一个人都不认识。

4. 동사 강조: 连 + 동사 + 也/都

这本书我连看也没看过。

这个音乐我连听都没听过。

长城我连去都没去过。

水煮鱼我连听都没听过。

这个菜我连吃都没吃过。

5. 정도보어 강조: 주어 + 술어 + 得 + 连 +… 也/都

我忙得连饭都没吃。

他累得连走都走不动了。

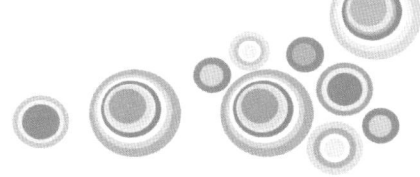

我忙得连一口水都没有喝。

他懒得连作业都不想做了。

二 의문대사를 이용한 강조

1. 谁都 누구나, 모두

谁都喜欢他。

谁不喜欢旅游?

谁都不知道这件事情。

谁都想去北京。

谁都喜欢旅游。

2. 什么都（也） 무엇이든지, 아무것도

我什么都想吃。

他什么都喜欢玩儿。

什么都不想做。

他什么也没说。

我什么都喜欢吃。

3. 哪(儿)都（也） 어느것이라도, 어디라도

哪国人都喜欢善良的人。

这个时间去哪儿都有很多人。

哪个地方都有好人，有坏人。

我哪儿也不想去，只想呆在家里。

只要有钱，住在哪儿都一样。

4. 怎么...都（也） 어떻게 해도

我怎么说她都不听。

我们怎么去都行。

怎么做都不成功。

你怎么做都可以。

제19과 자유회화

1. A: 你把昨天的汉语作业做完了吗?

B: 我没把昨天的汉语作业做完。

A: 妈妈把你的衣服洗干净了吗?

B: 妈妈把我的衣服洗干净了。

A: 你把你的房间打扫干净了吗?

B: 我没把我的房间打扫干净。

A: 你把你的手机密码告诉别人了吗?

B: 我没把我的手机密码告诉别人。

A: 今天早上你把早饭吃完了吗?

B: 今天早上我把早饭吃完了。

A: 请把你的名字告诉我一下。

B: 好的,我叫小明。

A: 请把问题回答一下。

B: 好的,你问吧。

A: 你能帮忙把门打开吗?

B: 好的,没问题。

A: 今天谁把你送到学校的?

B: 今天我妈妈把我送到学校的。

A: 老师把空调打开了吗?

B: 老师没把空调打开。

A: 你把今天的工作做完了吗?

B: 我把今天的工作做完了。

A: 你把学校的作业做好了吗?

B: 我把学校的作业做好了。

2. A: 今天早上你把头发洗干净了吗?

B: 今天早上我把头发洗干净了。

A: 你的老师能把普通话讲得很清楚吗?

B: 我的老师能把普通话讲得很清楚。

A: 约会的时候你喜欢被别人等吗?

B: 约会的时候我不喜欢被别人等。

A: 那张桌子是被谁搬到后面的?

B: 那张桌子是被老师搬到后面的。

A: 你做错事情的时候会被爸爸打吗?

B: 我做错事情的时候会被爸爸打。

A: 你喜欢被别人帮助吗?

B: 我很喜欢被别人帮助。

A: 门是被谁打开的?

B: 门是被老师打开的。

A: 灯是被谁打开的?

B: 灯也是被老师打开的。

A: 电脑是被你打开的吗?

B: 电脑不是被我打开的。

A: 字是被谁写在黑板上的?

B: 字是被老师写在黑板上的。

A: 你们家里的车今天早上被谁开走了?

B: 我们家里的车今天早上被我爸爸开走了。

3. A: 周末你也被妈妈要求来学院上课吗?

B: 周末我也被妈妈要求来学院上课。

A: 你觉得习惯很难被改变对吗?

B: 我觉得习惯很难被改变是对的。

A: 你被你妈妈骂过吗?

B: 我被我妈妈骂过。

A: 你被你爸爸或者妈妈打过吗?

B: 我被我爸爸打过。

A: 你被你老师打过吗?

B: 我没被我老师打过。

A: 历史能够被改变吗?

B: 历史不能够被改变。

A: 出国的时候护照会被检查几次?

B: 出国的时候护照会被检查两次。

A: 你们学校的期中考试被定在什么时候举行?

B: 我们学校的期中考试被定在五月举行。

A: 你们学校的期末考试被定在什么时候?

B: 我们学校的期末考试被定在八月。

A: 你比你哥哥聪明吗?

B: 我比我哥哥聪明。

A: 你比你弟弟高吗?

B: 我比我弟弟高。

A: 姐姐比你漂亮吗?

B: 姐姐不比我漂亮。

4. A: 今天比昨天热吗?

B: 今天比昨天热。

A: 你今天比昨天累吗?

B: 我今天比昨天累。

A: 火车比飞机快吗?

B: 火车比飞机慢。

A: 牛奶比巧克力白吗?

B: 牛奶比巧克力白。

A: 巧克力比牛奶黑吗?

B: 巧克力比牛奶黑。

A: 羊肉比猪肉好吃吗?

B: 羊肉没有猪肉好吃。

A: 猪肉比牛肉好吃吗?

B: 猪肉没有牛肉好吃。

A: 汉语比英语有意思吗?

B: 汉语比英语有意思。

A: 你比爸爸爱你吗?

B: 我没有爸爸爱我。

A: 你的衣服比你姐姐的衣服新吗?

B: 我的衣服没有我姐姐的衣服新。

A: 网上买的东西比超市里买的东西便宜吗?

B: 网上买的东西不比超市里买的东西便宜。

A: 今天的天气比昨天的天气好吗?

B: 今天的天气没有昨天的天气好。

5. A: 这里的书比你家里的书多吗?

B: 这里的书没有我家里的书多。

A: 你的电脑比学校的电脑大吗?

B: 我的电脑比学校的电脑大。

A: 你的书比爸爸的书多吗?

B: 我的书没有爸爸的书多。

A: 这种咖啡比那种咖啡甜吗?

B: 这种咖啡比那种咖啡甜。

A: 炸酱面比海鲜面好吃吗?

B: 炸酱面比海鲜面好吃。

A: 你比老师高吗?

B: 我没有老师高。

A: 老师比你高多少?

B: 老师比我高五厘米。

A: 你比老师重吗?

B: 我没有老师重。

A: 老师比你重多少?

B: 老师比我重二十公斤。

A: 你比你哥哥高吗?

B: 我没有我哥哥高。

A: 你哥哥比你高多少?

B: 我哥哥比我高三公分。

A: 你弟弟比你重多少?

B: 我弟弟比我重十斤。

A: 这本书比那支笔贵吗?

B: 这本书比那支笔贵。

6. A: 这本书比那支笔贵多少?

B: 这本书比那支笔贵三千韩元。

A: 英语班的学生比汉语班的学生多吗?

B: 英语班的学生比汉语班的学生多。

A: 英语班的学生比汉语班的学生多多少?

B: 英语班的学生比汉语班的学生多十个人。

A: 你的房间比爸爸妈妈的房间大吗?

B: 我的房间没有爸爸妈妈的房间大。

A: 你爸爸的衣服比你妈妈的衣服贵吗?

B: 我爸爸的衣服没有我妈妈的衣服贵。

A: 你妈妈的衣服比你爸爸的衣服贵多少?

B: 我妈妈的衣服比我爸爸的衣服贵两倍。

A: 地铁比火车方便吗?

B: 地铁比火车方便得多。

A: 你的房间比这里干净吗?

B: 我的房间比这里干净得多。

A: 你比你弟弟胖吗?

B: 我弟弟比我胖得多。

A: 香蕉比西瓜好吃吗?

B: 香蕉没有西瓜好吃。

A: 香蕉比西瓜贵吗?

B: 香蕉没有西瓜贵。

A: 西瓜比香蕉贵多少?

B: 西瓜比香蕉贵三倍。

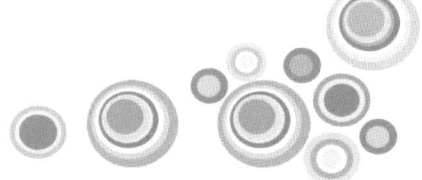

7. A: 你妈妈有我这么高吗?

B: 我妈妈有你这么高。

A: 你妈妈有我这么胖吗?

B: 我妈妈没有你这么胖。

A: 你妈妈的眼睛有我这么大吗?

B: 我妈妈的眼睛没有你这么大。

A: 面条有面包那么好吃吗?

B: 面条没有面包那么好吃。

A: 韩国人有德国人那么认真吗?

B: 韩国人有德国人那么认真。

A: 你有猴子那么瘦吗?

B: 我没有猴子那么瘦。

A: 香蕉有糖那么甜吗?

B: 香蕉没有糖那么甜。

A: 你的脸有红苹果那么红吗?

B: 我的脸没有红苹果那么红。

A: 你弟弟有熊猫那么胖吗?

B: 我弟弟没有熊猫那么胖。

A: 你和我一样高吗?

B: 我和你不一样高。

A: 这本书和那本书一样厚吗?

B: 这本书和那本书一样厚。

A: 这条裙子和那条裤子一样长吗?

B: 这条裙子和那条裤子不一样长。

A: 米和苹果一样贵吗?

B: 米和苹果不一样贵。

8. A: 地铁和飞机一样快吗?

B: 地铁和飞机不一样快。

A: 你们家的厨房和卧室一样大吗?

B: 我们家的厨房和卧室不一样大。

A: 游泳和跑步一样可以减肥吗?

B: 游泳和跑步一样可以减肥。

A: 这个桌子和椅子一样贵吗?

B: 这个桌子和椅子一样贵。

A: 你和我一样喜欢橙色吗?

B: 我不喜欢橙色。

A: 美国人和韩国人一样喜欢数字7吗?

B: 美国人和韩国人一样喜欢数字7。

A: 你妹妹和你一样喜欢学习汉语吗?

B: 我妹妹不和我一样喜欢学习汉语。

A: 你的汉语水平一天比一天高吗?

B: 我的汉语水平一天比一天高。

A: 现在的天气一天比一天热吗?

B: 不,现在的天气一天比一天冷。

A: 你们班的女学生一个比一个漂亮吗?

B: 不,我们班的女学生一个比一个难看。

A: 这儿的饭馆一家比一家好吃吗?

B: 对,这儿的饭馆一家比一家好吃。

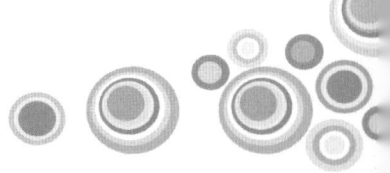

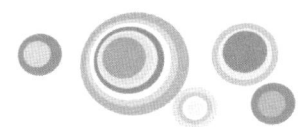

제20과 연합복문

<중국어 문장 분류>

문장 구조			
	단문	주술문	동사 술어문
			형용사 술어문
			주술 술어문
			명사 술어문
		비주술문	
	복문	병렬복문	
		순접복문	
		점층복문	
		선택복문	
		전환복문	
		인과복문	
		조건복문	
		가정복문	
		목적복문	

一 복문

두개 이상의 단문을 조합해서 만든 것이 복문입니다. 복문을 구성하는 앞 뒤 두 개의 절이 대등하거나 병렬관계인 복문이 연합복문이라고 합니다. 보통 앞 문장과 뒤 문장의 관계에 따라 복문의 유형도 달라지는데 연합복문도 그 내부관계에 따라 총 4가지의 유형으로 분류할 수 있습니다.

연합복문	단문의 조합
병렬관계（并列关系）	既……也…… 又……又…… 既……又…… 一边……一边…… 不是…… 而是……
연접관계（承接关系）	一……就…… （先）……再…… ……然后…… ……于是 ……
점층관계（递进关系）	不但/不仅/不光……而且/并且/还/也…… 不但/不仅/不光……反而…… （先）……再…… 甚至……
선택관계（选择关系）	或（者）……或（者）…… 要么……要么…… （是）……还是…… 不是……就是……

二 병렬관계

1. …… …… ~하고, ~하다.

爸爸妈妈在公司工作，我在家学习。　　　　我去买东西，他去看电影。

我吃苹果，你吃香蕉。　　　　　　　　　　你去饭馆，我去火车站。

爸爸在北京，我在上海。　　　　　　　　　我高兴，他不高兴。

妈妈做菜，爸爸喝茶。　　　　　　　　　　我喜欢狗，他喜欢猫。

我坐出租车，他坐汽车。　　　　　　　　　我喝水，他喝茶。

他在家打电话，她在公司看电脑。　　　　　今天是星期六，明天是星期天。

2. 既……也…… ~할 뿐만 아니라(또)~하다.

他既是老师，也是学生。　　　　　　　　　我既认识刘老师，也认识李老师。

我既喜欢学习汉语，也喜欢学习英语。　　　　我既爱爸爸，也爱妈妈。

3. 又……又…… ~하기도 하고 ~하기도 하다.

他又洗衣服，又买菜，晚上很忙。　　　　他又喜欢打篮球，又喜欢踢足球。

我又看报纸又唱歌，玩儿得很开心。

4. 既……又…… ~하고(또) ~하다.

他上午既去商店，又去超市。　　　　米饭既便宜，又好吃。

他的名字既好听又好记。　　　　他既有钱又帅。

上午既有汉语课，又有英语课。　　　　朋友既漂亮，又聪明。

苹果既大又甜。

5. 一边……一边…… ~하면서 ~하다.

他一边唱歌，一边跳舞。　　　　哥哥一边开车，一边听广播。

他一边看电视，一边吃饭。　　　　爸爸一边爬山，一边拍照。

他一边走路，一边讲话。　　　　妈妈一边唱歌，一边做饭。

6. 不是……而是…… ~가 아니고 ~이다.

不是我忘记了，而是我不知道。

不是我不想玩，而是作业太多没有时间玩。

不是我不喜欢吃，而是我刚吃过饭，肚子很饱。

家里不是没有面条了，而是爸爸没有找到。

不是我喜欢喝啤酒，而是我今天高兴想喝点儿酒了。

不是我没认真听，而是他说话声音太小，根本听不见。

三 연접관계

1. ……　…… (먼저) ~하고, (나중에) ~하다.

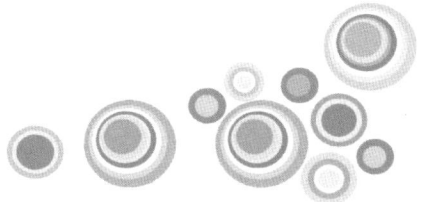

妈妈做完饭后开始打扫卫生。

他起床后穿好衣服去洗脸。

我听完老师的讲解，做出了这道题。

她看完这本书，还给了图书馆。

她洗完衣服，把衣服晾起来了。

他读完这首诗，背了下来。

2. 一……就…… ~하자마자 ~하다.

他一回家就吃饭。

我一起床就运动。

她一想家就打电话给妈妈。

爸爸一生气就不说话了。

天一冷他就不出门了。

时间一到，飞机就起飞了。

她一发工资就去买衣服。

3. (先)……再…… (먼저)~하고,나서(다시)~하다.

先吃饭再说。

先等几天再看看。

先准备好简历再去找工作。

先洗澡再睡觉。

先比较一下再做出选择。

先做好计划再实际行动。

先向父母问好再出门。

4. ……然后…… ~한 연후에(그 다음에)~하다.

她听着音乐，然后睡着了。

他努力学习，然后考上了大学。

姐姐想在国外工作，然后嫁给外国人。

我想提升自己，然后再去找他。

小猫吃完饭然后睡着了。

妈妈买完菜然后直接回家了。

5. ……于是…… ~그래서(이에,그리하여)~하다.

他扔了一块肉给小狗，于是小狗不叫了。

雨停了，于是天晴了。

天黑了，于是屋里的人们打开了灯。

他们不相爱了，于是分开了。

她每天坚持运动，于是几个月后瘦了很多。

他每天都看书，于是养成了读书的好习惯。

春天来了，于是人们不再穿厚重的冬衣了。

四 점층관계

1. 不但/不仅/不光……而且/并且/还/也…… ~뿐만 아니라 게다가(또한)~하다.

她不但漂亮，而且性格好。　　　　　　　姐姐不仅喜欢吃辣的，还喜欢吃酸的。

他不仅有钱，还有一位好妻子。　　　　　他不但会写诗，而且还会画画。

哥哥不仅个子高，而且长得也很帅。　　　他不光没有学历，还没有工作经验。

2. 不但/不仅/不光……反而…… ~뿐만 아니라 도리어(오히려) ~하다.

他不但没有钱，反而到处借钱。　　　　　他不但没有变老，反而看起来更年轻了。

她不仅没有变瘦，反而变胖了。　　　　　她不但没有难过，反而更开心了。

这种糖不但不甜，反而有点苦。　　　　　这件衣服不但没有便宜，反而更贵了。

3. ……甚至…… ~심지어 ~까지도(조차도) ~하다.

谁都不知道他现在住在哪里，甚至连他的家人都不知道。

她在家不做饭，甚至连碗都不洗。

她一整天没吃饭了，甚至连水都没喝过。

他学习很努力，甚至周末都在学习。

今天刮台风，街道上没有人 ，甚至都看不到一辆车。

五 선택관계

1. 或（者）……或（者）…… ~이든지(하거나) ~이든지(하거나)

我下班后或者运动，或者听音乐。

剩下的蛋糕放在冰箱里，或者晚上吃，或者明早吃。

或者去GS超市，或者去乐天超市，都能买到。

或者坐飞机去，或者坐船去，都很方便。

或者穿裙子，或者穿衬衫和裤子，你自己选择就好。

或者用筷子吃，或者用勺子吃，方便就行。

2. 要么……要么…… ~하든지. 아니면 ~하든지

要么住酒店，要么打车回家，没有别的办法了。

他要么玩游戏，要么打篮球，就是不学习。

要么多花点钱坐飞机去，要么多花点儿时间坐船去，看你怎么选择了。

他早餐要么吃一个鸡蛋，喝一杯牛奶，要么吃几片面包和一些水果。

他的工作要么很忙，要么很闲。

3. （是）……还是…… ~인지 아니면 ~인지

你能看出他是中国人还是韩国人吗？

她是姐姐还是妹妹呢？

你打算骑自行车去超市还是走路去超市？

你喜欢喝苹果果汁还是葡萄果汁？

请问洗手间在这边还是在那边？

4. 不是……就是…… ~가 아니면 ~이다.

最近不是下雨就是下雪，没有晴天。

她每次考试不是第一，就是第二，很聪明。

他现在不是在学校就是在家里，不可能去别的地方。

我记得他的生日不是今天就是明天。

地上的这根头发不是你的就是你姐姐的。

她的房间里不是衣服就是鞋子。

제21과 편정복문

一 편정복문 (偏正复句)

복문을 구성하는 앞 뒤 두개의 절이 대등한 관계에 있지 않고, 주요한 부분과 부차적인 부분으로 구성된 복문이 편정복문이라고 합니다. 주요한 의미를 나타내는 부분을 주절(主句)이라 하고, 부속적인 의미를 나타내는 부분을 종속절(从句)이라고 합니다. 일반적으로 종속절이 앞쪽에, 주절이 뒤쪽에 위치합니다. 종속절과 주절의 의미상의 상관관계에 따라 편정복문을 다시 6가지 유형으로 세분할 수 있습니다.

편정복문	예시
인과관계 (因果关系)	（因为）……所以/因此…… 由于……（所以）…… 既然……就…… ……因而……
전환관계 (转折关系)	虽然……但是/可是…… ……不过…… ……只是…… ……却…… 尽管……但是/也……
조건관계 (条件关系)	只要……就…… 只有……才…… 不管……都/也…… 无论……都/也…… 除非……否则/要不……
가설관계 (假设关系)	如果……就…… 要是……就…… 假如……就……
목적관계 (目的关系)	为了…… ……为的是……
양보관계 (让步关系)	即使……也…… 就是……也…… 哪怕……也……

二 인과관계

1. …… …… ~니까(때문에) ~하다.

饿了就早点儿吃饭吧。

我现在肚子很疼，想休息一会儿。

外面下雨了，一会儿出去的时候你别忘了带伞。

我最近胖了，该运动了。

我刚买了一辆自行车，终于不用走着上班了。

吃了药，感冒好多了。

2. 因为......所以/因此...... ~때문에, 그래서 ~하다.

因为没吃午饭，所以下午很饿。

因为相信你，所以我听了你的建议。

因为很害怕，所以我一般半夜不敢出门。

因为春天来了，所以花儿都开了。

因为我认识他，所以和他打招呼。

因为想你了，所以打电话给你。

3. 由于......（所以）...... ~로 인하여. (그래서)~하다.

由于起床晚了，所以上班迟到了。

由于衣服穿少了，所以感冒了。

由于工作太忙，所以有点累。

由于水太热，所以不能马上喝。

由于停电了，所以不能看电视了。

由于这家饭馆今天的菜做得不好吃，所以没有吃太多。

4. 既然......就...... 기왕~된 이상.~하다.

既然吃饱了，就不要再吃了。

既然天晴了，就把衣服洗洗吧。

既然选择了这条路，那就好好走下去。

既然感冒已经好了，那就不要再吃药了。

既然你已经听说了，那我就不再讲了。

既然你不愿意去，那我自己去好了。

5. ……因而…… ~그러므로(그런 까닭에, 따라서)~하다.

她经历了失去的痛苦，因而懂得了如何珍惜。

她知道感冒有多么难受，因而很注意保暖。

他努力工作，因而得到了经理的认可。

她很善良，因而和一个善良的人结婚后很快乐。

他做事总是很认真，因而事业获得了成功。

她结婚生子生活多年，因而明白了"可怜天下父母心"。

三 전환관계

1. 虽然……但是/可是…… 비록 ~지만, 그러나 ~하다.

虽然很喜欢北京，可是我还没去过。

虽然我没有告诉他这件事，可是他好像已经知道了。

虽然昨晚睡得很晚，但是第二天他早早起床了。

虽然弟弟没有哥哥大，但是个子比哥哥高。

虽然已经参加工作了，但是还是挺怀念上学的时候。

虽然分开多年了，但是他还忘不了那个朋友。

2. ……不过…… ~하지만 그러나 ~하다.

小狗很可爱，不过我没有耐心养小动物。

这道菜看起来很好吃，不过量有点少。

天空突然有很多乌云，不过天气预报说，只是阴天，不会下雨。

这家饭馆看起来很高档，不过位置有点偏，客人少。

这次考试题很容易，不过他的成绩并没有提高。

他的建议也很好，不过不能完全听取。

3.……只是…… ~하긴 한데, 다만(단지) ~하다.

这款手机很漂亮，只是像素有点低。

这件大衣很暖和，只是有点显胖。

这本小说内容很好看，只是结局太悲惨。

这个小区楼房很便宜，只是交通不太便利。

这个房间宽敞向阳，只是没有内置洗手间。

船票比飞机票便宜，只是坐船会比较慢。

4.……却…… ~하지만 도리어(오히려) ~하다.

他知道事情真相，却没有告诉大家。

她原本有一次出国的机会的，却放弃了。

附近的超市其实也卖那种水果，妈妈却去更远的超市买。

这次会议很重要，却被取消了。

她喜欢做饭，却不喜欢洗碗。

5.尽管……但是/也…… 비록(설령) ~하지만(하더라도) ~하다.

尽管天气很冷，但是他仍然坚持跑步。

尽管结果不是很令人满意，但是我已经尽力了。

尽管下雨了，他也不习惯打伞。

尽管电子邮件很便利，但是爸爸仍喜欢写信。

尽管家人不同意，他也没有难过。

尽管妈妈做了一桌子的好菜，但是她却没有胃口吃。

四 조건관계

1. 只要……就…… ~하기만 하면~하다.

只要你认真学习，总有一天会考上大学的。

只要明天不下雨，比赛就按计划进行。

只要你想做，就没有做不到的事情。

只要相信自己，就一定会成功。

只要心诚，就一定会打动别人的。

只要每天坚持运动，就一定会瘦下来的。

只要拥有一颗年轻的心，就永远不会变老。

2. 只有……才…… ~해야만 비로소~하다.

只有他来，问题才能被解决。

一般只有冬天的时候才会下雪。

只有先认识到自己做错的地方，才能改正。

只有认真练习，才能学好游泳。

只有以诚待人，才能广交朋友。

只有见到妈妈，孩子才会停止哭闹。

3. 不管……都/也…… ~에 관계없이(모두)~하다.

不管每天有多忙，我都会挤出时间去运动。

不管别人怎么说，我只相信自己的眼睛。

不管饭菜好不好吃，他都吃得很多。

不管天气怎么样，我都坚持锻炼身体。

不管有多忙，他也要吃完早餐再出门。

不管要等多久，我都会一直等到他回来。

4. 无论……都/也…… ~을 막론하고(상관없이)~하다.

无论你愿不愿意，我都会帮助你的。

无论明天天气怎样，比赛都会按计划进行。

无论几点起床，我每天早上都会洗完头发再出门。

无论春夏秋冬，太阳都会从东方升起。

无论住多大的房子，都不如有家人陪在身边。

无论我再怎么解释，他都不相信我了。

5. 除非……否则/要不…… ~한다면 몰라도(몰를까).그렇지 않으면~하다.

除非我亲眼看到，否则我不会相信的。

除非他亲自来请我，要不我不会去的。

除非你能证明自己的想法是对的，否则我不会同意的。

除非她身体不舒服，否则她不会不来上课的。

妈妈告诉孩子，除非是妈妈敲门，否则不要给开门。

除非妈妈带儿子去，否则儿子自己不敢去医院。

6. ……就…… ~하면, ~할 것이다.

感冒了，就吃药。

饿了，就做饭吃。

衣服破了，就不要穿了。

东西坏了，就扔掉吧。

年纪到了，就结婚吧。

生病了，就好好休息一下。

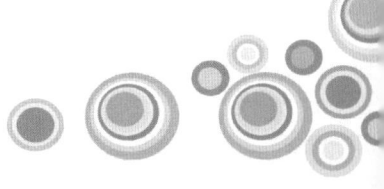

五 가설관계

1. 如果……就…… 만약 ~하면, ~할 것이다.

如果明天下雨，就不去打篮球。

如果看不见他，就去教室找找。

如果他没来开会，就打电话问一下。

如果苹果很贵，就先不要买了。

如果明年我们还在一起，就结婚吧。

如果睡不着觉，就起来看会书。

2. 要是……就…… 만약 ~하면(이라면), ~할 것이다.

要是有很多钱，我就去世界各地旅游。

要是我没来中国，就不会遇到你。

要是汉语学好了，他就可以在中国工作了。

要是再给我一次机会，我一定认真做好。

要是你听明白了我的话，请点点头。

要是好吃，你就多吃点。

3. 假如……就…… 만일(가령) ~하면, ~할 것이다.

假如时间可以停止，我们就不会老去。

假如人永远不会长大，也就不会有很多烦恼。

假如冬天来了，春天还会远吗？

假如生命只剩下三天，你会做什么？

假如一个人不喝水，能活几天？

六 목적관계

1. 为了…… …… ~(을 하기)위하여.~하다.

为了变漂亮，姐姐每天坚持运动。

为了提升自己，我每天读很多书。

为了救那位病人，医生们连续战斗10多个小时。

为了给她买到那种很好吃的蛋糕，他跑遍了所有的蛋糕店。

为了学会游泳，他每天练习2个小时。

为了能去中国，他提前办理了护照。

2.……为的是…… ~하는 것은 ~를 위한 것이다(위해서이다).

她每周去中文学院，为的是学好汉语。

她明天请假不上班，为的是去参加姐姐的婚礼。

爷爷早起早睡，为的是让身体更健康。

我每天跑步，为的是锻炼身体。

妈妈每天最早起床，为的是准备早饭。

他午饭后去安静的地方，为的是好好睡个午觉。

七　양보관계

1. 即使……也…… [문어체]설령~하더라도(그래도)~하다.

学习汉语拼音时，即使说错了，也不要害怕。

即使没有时间，也要挤出时间运动。

即使不喜欢做一些事情，为了责任，也要去完成。

即使那个男人有很多钱，姐姐也不会喜欢上他的。

即使考试成绩不理想，也不要灰心。

即使面包再好吃，也不能吃太多。

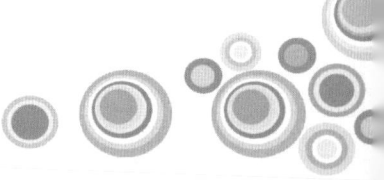

2. 就是……也…… 설령~할지라도(그래도)~하다.

就是天塌下来了，我也不怕。

就是海枯石烂，我也不改变我的心意。

就是再困难，也不要放弃。

夏天就是再热，我也不喜欢开空调。

爷爷的耳朵不好使，就是声音再大，他也听不到。

巧克力就是再好吃，一次也不能吃太多。

3. 哪怕……也…… [구어체]설령~라 해도(그래도)~하다.

哪怕工资再高，我也不会选择不喜欢的工作。

哪怕冬天再冷，她也不穿厚裤子。

哪怕别人的意见不完全正确，我们也应该虚心听取。

哪怕是一件很小的事，他也会认真完成。

哪怕是上刀山下火海，我也要试一试。

哪怕你不同意，我也要去。

哪怕是在冰冷的冬天，哥哥也坚持冬泳。

연습1: 4택1

(1) 叔叔_____会开汽车，_____会开飞机。

　　A 因为…所以　　B 不但…而且　　C 虽然…但是　　D 只有…才

(2) 我的朋友_____很漂亮，_____很聪明。

　　A 因为…所以　　B 不但…而且　　C 虽然…但是　　D 只有…才

(3) _____努力学习和工作，_____能成功。

　　A 因为…所以　　B 不但…而且　　C 虽然…但是　　D 只有…才

(4) 今天早上_____下着大雨，_____我们班的同学没有一个迟到的。

A 因为...所以　　B 不但...而且　　C 虽然...但是　　D 只有...才

（5）_____昨天他睡得太晚，_____今天上课的时候他很困。

A 因为...所以　　B 不但...而且　　C 虽然...但是　　D 只有...才

（6）我和张平是好朋友，每天放学后_____我去他家玩儿，_____他来我家玩儿。

A 不是...就是　　B 不但...而且　　C 虽然...但是　　D 只有...才

（7）_____他学习刻苦，而且积极参加体育课，_____他被选为班长。

A 因为...所以　　B 不但...而且　　C 虽然...但是　　D 只有...才

（8）_____我说得不对，_____请你告诉我。

A 要不然...就　　B 不但...而且　　C 虽然...却　　D 如果...就

（9）_____我们生活很好，什么也有，_____我们要学会节约。

A 因为...所以　　B 不但...而且　　C 虽然...但是　　D 只有...才

（10）他_____在外面的饭馆吃饭，_____不愿意回家做饭。

A 与其...不如　　B 不但...而且　　C 宁可...也　　D 只有...才

（11）我和张平每天一起上学，_____我叫他，_____他叫我。

A 不是...就是　　B 不但...而且　　C 虽然...但是　　D 只有...才

（12）_____遇到什么困难，他_____不放弃。

A 不是...就是　　B 不管...都　　C 即使...也　　D 只有...才

（13）妈妈_____走，孩子_____哭。

A 不是...就是　　B 不管...都　　C 即使...也　　D 一...就

（14）我非常喜欢听音乐，每天_____到家，_____打开手机听音乐。

A 不是...就是　　B 不管...都　　C 即使...也　　D 一...就

（15）_____这个题很简单，_____我做错了。

A 不是...就是　　B 虽然...但是　　C 即使...也　　D 一...就

（16）_____多读多说多听多写，_____一定能提高汉语水平。

A 只要...就　　B 虽然...但是　　C 即使...也　　D 一...就

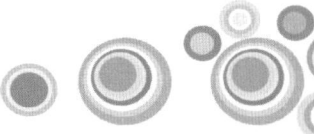

（17）_____多读多说多听多写，_____能提高汉语水平。

　　A 只能…就　B 只有…才　C 即使…也　D 一…就

（18）_____工作多么地忙，他_____坚持每天晚上去学院学习汉语。

　　A 只要…就　B 不管…都　C 即使…也　D 一…就

（19）_____夏天到了，_____天气越来越热了。

　　A 因为…所以　　B 不但…而且　　C 虽然…但是　　D 只有…才

연습2: 2개의 문장을 관련사를 사용해 1개로 연결해 보세요.

(1) 妈妈看电视。妈妈和朋友打电话。

(2) 小明学习很好。小明一点儿也不骄傲（jiāo ào, 거만하다）。

(3) 这碗鱼汤没有加盐。这碗鱼汤很好喝。

(4) 他没有钱。他经常帮助别人。

(5) 小红很喜欢读中文书。小红的中文水平提高得很快。

(6) 小亮学中文学了1年。小亮的中文说得像中国人那么好。

(7) 放学后在外面玩儿。回家帮助妈妈做家务。

(8) 他自己学习很好。他经常帮助其他同学的学习。

(9) 他喜欢学习数学。他喜欢学习韩国语。

(10) 今天下雨了。他还是去了学校。

(11) 星期天，我在家看书。星期天，我去公园玩儿。

(12) 星期天，你去公园。星期天，你去奶奶家。

(13) 你工作太忙。你不要来了。

(14) 武汉的夏天特别热。武汉被称为中国的"火炉"。

제 2부

HSK 지정 문법 (중급)

HSK 4급 문법

01.能愿动词：得
1. 능원동사: 得

例子	拼音	韩语
今天下课我得早点儿回家。	Jīntiān xiàkè wǒ děi zǎodiǎn er huí jiā.	오늘 수업이 끝나면 저는 집에 일찍 돌아가야 해요.
时间不早了，我得回家了。	Shíjiān bù zǎole, wǒ děi huí jiāle.	늦었네요. 집에 가야겠어요.
你再忙也得好好吃饭啊！	Nǐ zài máng yě děi hǎohǎo chīfàn a!	아무리 바빠도 식사는 하셔야죠.

02.人称代词：人家
2. 인칭대명사: 人家

例子	拼音	韩语
人家也是为你好啊。	Rénjiā yěshì wèi nǐ hǎo a.	그가 당신을 생각해서 하는 일인데요.
人家现在有困难，咱们应该帮他。	Rénjiā xiànzài yǒu kùnnán, zánmen yīnggāi bāng tā.	그에게는 지금 어려움이 있으니, 우리가 그를 도와야 해요.
你看人家经常锻炼，身体多好。	Nǐ kàn rénjiā jīngcháng duànliàn, shēntǐ duō hǎo.	그 사람은 늘 운동하니 몸이 얼마나 좋은지 봐라.

03.名量词：打、袋、根、卷、棵、批
3. 명량사: 다스、가마、가닥、두루마리、그루、무리

例子	拼音	韩语
一打啤酒	yì dá píjiǔ	맥주 한 다스 (12병)
一袋米	yí dài mǐ	쌀 한 가마
一根头发	yì gēn tóufǎ	머리카락 한 가닥
一卷纸	yì juǎn zhǐ	두루마리 휴지 한 통

一棵树	yìkē shù	나무 한 그루
一批学生	yì pī xuéshēng	한 무리의 학생

04. 借用量词
4. 차용양사

（1） 名量词: 碗、脸、手、屋子、桌子
(1) 명량사: 사발、얼굴、손、집、방

例子	拼音	韩语
一碗汤	yì wǎn tāng	국 한 사발
一脸水	Yì liǎn shuǐ	세숫대야 한 바가지 정도의 물
一手油	Yì shǒu yóu	기름 한 줌
一屋子人	yì wūzi rén	방 하나에 가득 찬 사람들
一桌子书	yìzhuō zi shū	책상에 책이 가득하다

(2) 动量词: 刀、针
(2) 동량사: 刀、针

例子	拼音	韩语
切两刀	Qiē liǎng dāo	두 칼로 베다
打一针	dǎ yì zhēn	주사를 한 대 맞다

05. 程度副词: 格外、极、极其
5. 정도부사: 유난히、매우、극히

例子	拼音	韩语
老师今天格外开心。	Lǎoshī jīntiān géwài kāixīn.	선생님 오늘 유난히 즐거워하시네요.
这些字极小，我都看不清楚。	Zhèxiē zì jí xiǎo, wǒ dōu kàn bù qīngchu.	이 글자들이 너무 작아서 잘 보이지 않아요.
校长是一个	Xiàozhǎng shì yígè	교장 선생님은 책임감이 아주

极其负责的人。	jíqí fùzé de rén.	강한 사람이에요.

06. 范围、协同副词：共
6. 범위, 협동부사 : 모두

例子	拼音	韩语
共有三十人出席会议。	Gòngyǒu sānshí rén chūxí huìyì.	30명 모두가 회의에 출석했어요.
这本书共十五课。	Zhè běn shū gòng shíwǔ kè.	이 책은 모두 15개의 과로 구성되어 있어요.

07. 时间副词：按时、即将、急忙、渐渐、尽快
7. 시간부사: 제시간에、곧、급히、점점、되도록 빨리

例子	拼音	韩语
你要按时吃药。	Nǐ yào ànshí chī yào.	당신은 제시간에 약을 먹어야 해요.
同学们即将毕业。	Tóngxuémen jíjiāng bìyè.	학생들이 곧 졸업을 해요.
快上课了，他急忙跑进教室。	Kuài shàngkèle, tā jímáng pǎo jìn jiàoshì.	곧 수업할 시간이 되자 그는 급히 교실로 뛰어들어갔어요.
春天来了，天气渐渐暖和起来。	Chūntiān láile, tiānqì jiànjiàn nuǎnhuo qǐlái.	봄이 왔어요. 날씨가 점점 따뜻해져요.
你尽快给他回个电话。	Nǐ jǐnkuài gěi tā huí gè diànhuà.	당신은 가능한 한 빨리 그에게 전화하세요.

08. 频率、重复副词：一再、再三
8. 빈도, 중복부사: 수차、여러번

他一再表示自己不会出席这次会议。

Tā yízài biǎoshì zìjǐ bú huì chūxí zhè cì huìyì.

그는 자신이 이번 회의에 출석하지 않을 것이라고 거듭 표명했어요.

我再三解释，他还是不相信。

Wǒ zàisān jiěshì, tā háishì bù xiāngxìn.

제가 여러 번 설명했지만 그는 여전히 믿지 않아요.

09.关联副词：却
9. 관련부사: 하지만

我来了，他却没来。

Wǒ láile, tā què méi lái.

저는 왔지만 그는 오지 않았어요.

同学们都出去活动了，他却坐在教室里面不动。

Tóngxuémen dōu chūqù huódòngle, tā què zuò zài jiàoshì lǐmiàn bú dòng.

학우들은 모두 밖에 나가 활동하지만 그는 오히려 교실 안에서 움직이지 않아요.

10.否定副词：未必
10. 부정부사: 반드시 ...한 것은 아니다

这个消息未必可靠，咱们再等等吧。

Zhège xiāoxī wèibì kěkào, zánmen zài děng děng ba.

이 소식은 꼭 믿을 수 있는 것이 아니니 우리 좀 더 기다립시다.

别等了，他未必会来。

Bié děngle, tā wèibì huì lái.

그를 기다리지 마세요. 그가 반드시 온다는 것이 아니에요.

11.情态副词：几乎、似乎
11. 정태부사: 거의、마치

他的话我几乎都没听懂。

Tā dehuà wǒ jīhūdōu méi tīng dǒng.

저는 그의 말을 거의 이해하지 못했어요.

她似乎对自己的表现很不满意。

Tā sìhū duì zìjǐ de biǎoxiàn hěn bù mǎnyì.

그녀는 마치 자신의 행동에 대해 매우 불만족한 것 같아요.

12.语气副词：的确、反而、还、竟然、究竟
12. 어기부사: 확실히、오히려、그리고、의외로、도대체

这的确是我的错。

Zhè díquè shì wǒ de cuò.

이것은 확실히 제 잘못이에요.

风不但没停，反而越来越大。

Fēng búdàn méi tíng, fǎn'ér yuè lái yuè dà.

바람은 멈추지 않았을 뿐만 아니라, 오히려 갈수록 점점 더 거세졌어요.

他还真有办法，问题马上就解决了。

Tā hái zhēnyǒu bànfǎ, wèntí mǎshàng jiù jiějuéle.

그에게는 정말 방법이 있었군요. 문제가 바로 해결되었어요.

这道题很简单，同学们竟然都做错了。

Zhè dào tí hěn jiǎndān, tóngxuémen jìngrán dōu zuò cuòle.

이 문제는 매우 간단하지만 의외로 학우들 모두가 문제를 잘못 풀었어요.

明天的晚会你究竟去不去?

Míngtiān de wǎnhuì nǐ jiūjìng qù bú qù?

도대체 당신은 내일 저녁 파티에 갈 거예요 안 갈 거예요?

13. 自
13. 이래

自1978年以来，中国发生了很大的变化。

Zì 1978 nián yǐlái, zhōngguó fāshēngle hěn dà de biànhuà.

1978년 이래로 중국에는 매우 큰 변화가 생겼어요.

我们的航班准时自北京出发。

Wǒmen de hángbān zhǔnshí zì běijīng chūfā.

우리의 비행기는 정시에 베이징에서 출발해요.

14. 对于
14. ...에 대하여

对于任何一种语言来说，文字的出现都是十分重要的。

Duìyú rènhé yì zhǒng yǔyán lái shuō, wénzì de chūxiàn dōu shì shí fèn zhòngyào de.

어떤 언어든지 문자의 출현은 매우 중요해요.

对于美术和音乐，她很有研究。

Duìyú měishù hé yīnyuè, tā hěn yǒu yánjiū.

그녀는 미술과 음악을 깊이 연구해요.

这是一部关于战争的电影。

Zhè shì yí bù guānyú zhànzhēng de diànyǐng.

이것은 전쟁에 관한 영화예요.

15. 关于
15. ...에 관하여

我读了几本关于环境保护的书。

Wǒ dúle jǐ běn guānyú huánjìng bǎohù de shū.

저는 환경 보호에 관한 책을 여러 권 읽었어요.

关于明天的考试，学校做了具体的规定。

Guānyú míngtiān de kǎoshì, xuéxiào zuòle jùtǐ de guīdìng.

내일 있을 시험에 관하여 학교에서 구체적인 규정을 지었어요.

这是一部关于战争的电影。

Zhè shì yí bù guānyú zhànzhēng de diànyǐng.

이것은 전쟁에 관한 영화예요.

16. 替
16. 대신

你别替我担心了，我自己处理。

Nǐ bié tì wǒ dānxīnle, wǒ zìjǐ chǔlǐ.

당신은 저 때문에 걱정하지 마세요. 제가 알아서 처리할게요.

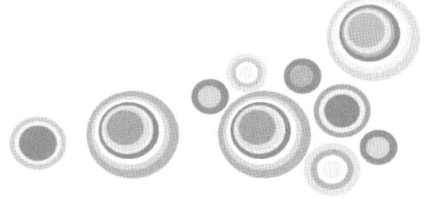

取得这么好的成绩，大家都替你感到高兴。

Qǔdé zhème hǎo de chéngjī, dàjiā dōu tì nǐ gǎndào gāoxìng.

이렇게 좋은 성적을 거두어서 모두가 당신을 위해 기뻐해요.

17.根据
17. ...에 따라

学校根据学生的中文水平分班。

Xuéxiào gēnjù xuéshēng de zhōngwén shuǐpíng fēn bān.

학교는 학생들의 중국어 수준에 따라 반을 나눠요.

根据大家的意见，我们修改了计划。

Gēnjù dàjiā de yìjiàn, wǒmen xiūgǎile jìhuà.

여러 사람의 의견에 따라 우리는 계획을 수정하였어요.

18.作为
18. (으)로서

他作为教师代表参加了这次会议。

Tā zuòwéi jiàoshī dàibiǎo cānjiāle zhè cì huìyì.

그는 교사 대표로 이번 회의에 참석하였어요.

作为学生，你应该按时完成作业。

Zuòwéi xuéshēng, nǐ yīnggāi ànshí wánchéng zuòyè.

학생으로서 당신은 반드시 제때에 숙제를 완성해야 해요.

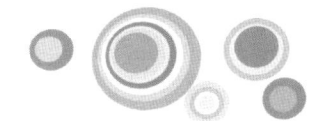

19.连接词或词组：并2、以及

19. 접속사나 구: 그리고 2、 및

他们同意并支持我们的建议。

Tāmen tóngyì bìng zhīchí wǒmen de jiànyì.

그들은 우리의 제안에 동의하고 지지해요.

小王、小李以及另外三名同学都通过了考试。

Xiǎo wáng, xiǎo lǐ yǐjí lìngwài sān míng tóngxué dōu tōngguòle kǎoshì.

시아오왕, 시아오리 그리고 다른 세 명의 학생들은 모두 시험을 통과했어요.

20.连接分句或句子：此外、而1、而是、既然、可见、甚至、假如、总之

20. 단문이나 문장을 연결한다: 이 밖에、지만 1、아니라、기왕、을 알 수 있다、심지어、만약、아무튼

我们要认真听讲，此外还要积极完成作业。

Wǒmen yào rènzhēn tīngjiǎng, cǐwài hái yào jījí wánchéng zuòyè.

우리는 열심히 강의를 들어야 하며, 이 밖에도 적극적으로 숙제를 완성해야 해요.

为什么北方下雪越来越少，而南方下雪越来越多。

Wèishéme běifāng xià xuě yuè lái yuè shǎo, ér nánfāng xià xuě yuè lái yuè duō.

무엇 때문에 북방의 눈은 갈수록 적어지고 남방의 눈은 갈수록 많아지나요?

听说重要，读写也很重要，总之，这四项能力都很重要。

Tīng shuō zhòngyào, dú xiě yě hěn zhòngyào, zǒngzhī, zhè sì xiàng nénglì dōu hěn zhòngyào.

듣기와 말하기는 중요하지만 읽기와 쓰기도 매우 중요하며 한마디로 말하면 이 네 가지 능력은 모두 매우 중요해요.

("而是、既然、可见、甚至、假如"例句参见复句部分)

('而是、既然、可见、甚至、假如'예문은 복문을 참조하세요.)

21. 其他助词: 似的

21. 기타조사: (마치) …와 같다.

例子	拼音	韩语
她俩好像从来没见过似的。	Tā liǎ hǎoxiàng cónglái méi jiànguò shì de.	그들 둘은 마치 전혀 본 적이 없는 것 같아요.
这里的景色像画儿似的。	Zhèlǐ de jǐngsè xiàng huà er shì de.	이곳의 경치는 마치 그림 같아요.
他的中文说得跟中国人似的。	Tā de zhōngwén shuō de gēn zhōngguó rén shì de.	그의 중국어는 마치 중국 사람과 같아요.

22. 啊 2

22. 아 2

例子	拼音	韩语
啊, 你怎么在这里?	A, nǐ zěnme zài zhèlǐ?	아, 당신이 왜 여기에 있어요?
啊, 我明白了。	A, wǒ míngbáile.	아, 알았어요.
啊! 太美了!	A! Tàiměile!	아! 너무 아름다워요!

23. 大 A 大 B

23. 大 A 大 B

你这大吃大喝的毛病对身体不好, 一定要改改。

Nǐ zhè dà chī dà hē de máobìng duì shēntǐ bù hǎo, yídìng yào gǎi gǎi.

당신의 이 과식하는 버릇은 몸에 안 좋으니 반드시 고쳐야 해요.

她心情不好，为一点儿小事就大吵大闹。

Tā xīnqíng bù hǎo, wèi yì diǎn er xiǎoshì jiù dà chǎo dà nào.

그녀는 기분이 좋지 않아 조그만한 일로 크게 야단법석을 떨었어요.

24. 一A一B
24. 一A一B

这是别人的东西，我们一针一线都不能拿。

Zhè shì biérén de dōngxī, wǒmen yī zhēnyī xiàn dōu bùnéng ná.

이것은 다른 사람의 물건이므로 우리는 아주 작은 물건 하나라도 가질 수 없어요.

他一五一十地把情况汇报给了老师。

Tā yīwǔyīshí de bǎ qíngkuàng huìbào gěile lǎoshī.

그는 상황을 낱낱이 선생님께 보고했어요.

25. 看来
25. 보아하니

例子	拼音	韩语
看来他是个好人。	Kàn lái tā shìgè hǎorén.	보아하니 그는 좋은 사람 같아요.
看来明天不会再下雨了。	Kàn lái míngtiān bú huì zài xià yǔle.	보아하니 내일 다시 비가 오지 않을 것 같아요.
看来这次考试他能通过。	Kàn lái zhè cì kǎoshì tā néng tōngguò.	보아하니 그는 이번 시험을 통과할 수 있을 것 같아요.

26. 来得及/来不及
26. 늦지 않다/늦다

例子	拼音	韩语

你别着急, 时间来得及。	Nǐ bié zháojí, shíjiān láidejí.	조급해하지 마세요. 시간은 넉넉해요.
现在刚六点半, 你马上去还来得及。	Xiànzài gāng liù diǎn bàn, nǐ mǎshàng qù hái láidejí.	이제 6시 반이니 바로 가도 늦지 않아요.
来不及了,我们快走吧。	Láibùjíle, wǒmen kuàizǒu ba.	늦었어요. 우리 빨리 가자.
时间还早, 不会来不及的。	Shíjiān hái zǎo, bú huì láibùjí de.	시간이 아직 이르니 늦지 않을 거예요.

27. 说不定
27. ...을 것 같다.

下雨了, 说不定他今天不来了。

Xià yǔle, shuō bú dìng tā jīntiān bù láile.

비가 오니 그는 오늘 오지 않을지도 몰라요.

这件事说不定就是他干的。

Zhè jiàn shì shuō bú dìng jiùshì tā gàn de.

이 일은 아마 그가 했을 거예요.

今年能不能去中国现在还说不定。

Jīnnián néng bùnéng qù zhōngguó xiànzài hái shuō bú dìng.

올해 중국에 갈 수 있을지는 아직 단언할 수 없어요.

28. 一般来说
28. 일반적으로(말하면)

一般来说, 选手参加了比赛是不能退出的。

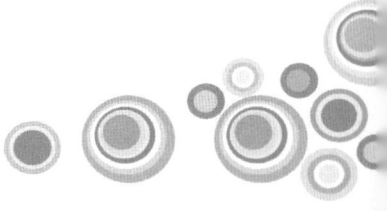

yìbān lái shuō, xuǎnshǒu cānjiāle bǐsài shì bùnéng tuìchū de.

일반적으로 선수가 경기에 참가한 후에는 퇴출하면 안 돼요.

一般来说，这么重要的场合他是不会迟到的。

yìbān lái shuō, zhème zhòngyào de chǎnghé tā shì bú huì chídào de.

일반적으로 이렇게 중요한 자리에 그가 지각하는 일은 없을 것이에요.

一般来说，跟青年人相比，老年人的经验更丰富。

yìbān lái shuō, gēn qīngnián rén xiāng bǐ, lǎonián rén de jīngyàn gèng fēngfù.

일반적으로 말해서, 늙은이들은 청년들보다 경험이 더 풍부해요.

29. 一+量词+比+一+量词
29. 一+양사+比+一+양사

例子	拼音	韩语
这些球鞋一双比一双好看。	Zhèxiē qiúxié yìshuāng bǐ yìshuāng hǎokàn.	이 운동화들은 모두 다 예뻐요.
他的演出一次比一次精彩。	Tā de yǎnchū yícì bǐ yícì jīngcǎi.	그의 공연은 매번마다 훌륭해져요.
天气一天比一天暖和。	Tiānqì yìtiān bǐ yìtiān nuǎnhuo.	날씨가 나날이 따뜻해져요.

30.（自）……以来
30. ...부터

自去年以来，我一直生活在北京。

Zì qùnián yǐlái, wǒ yìzhí shēnghuó zài běijīng.

저는 작년부터 줄곧 북경에서 살고 있어요.

上大学以来，他一直坚持学习中文。

Shàng dàxué yǐlái, tā yìzhí jiānchí xuéxí zhōngwén.

대학에 들어간 이래 그는 줄곧 중국어를 공부하고 있어요.

自有了孩子以来，她每天都很忙。

Zì yǒule háizi yǐlái, tā měitiān dōu hěn máng.

아이가 생긴 이래 그녀는 매일 아주 바빠요.

31. 由……组成
31. ...(으)로 이루어지다

我们班有两位老师和二十位学生组成。

Wǒmen bān yǒu liǎng wèi lǎoshī hé èrshí wèi xuéshēng zǔchéng.

우리 반은 선생님 2명과 학생 20명으로 이루어져 있어요.

这篇文章由三部分组成。

Zhè piān wénzhāng yóu sān bùfèn zǔchéng.

이 글은 세 부분으로 이루어져 있어요.

这张试卷是由十道选择题和一道写作题组成的。

Zhè zhāng shìjuàn shì yóu shí dào xuǎnzé tí hé yídào xiězuò tí zǔchéng de.

이 시험지는 10개의 선택문제와 1개의 쓰기문제로 구성되어 있어요.

32. 在……方面
32. ...방면에

在这方面，我没有什么经验。

Zài zhè fāngmiàn, wǒ méiyǒu shénme jīngyàn.

저는 이 방면에서의 아무런 경험도 없어요.

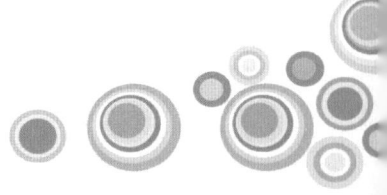

在历史方面,他知道得很多。

Zài lìshǐ fāngmiàn, tā zhīdào de hěnduō.

그는 역사 방면에 있어서 매우 많이 알아요.

在修理电脑方面,她是个专家。

Zài xiūlǐ diànnǎo fāngmiàn, tā shìgè zhuānjiā.

그녀는 컴퓨터 수리에 있어서 전문가예요.

33.在……上/下/中
33. 在......上/下/中

在这件事情上,最好多听父母的意见。

Zài zhè jiàn shìqíng shàng, zuì hǎo duō tīng fùmǔ de yìjiàn.

이 일에 있어서는 부모님의 의견을 많이 듣는 것이 좋아요.

在他的影响下,我喜欢上了中文。

Zài tā de yǐngxiǎng xià, wǒ xǐhuān shàngle zhōngwén.

그의 영향으로 저는 중국어를 좋아하게 됐어요.

在这篇课文中,我们一共学了三十个生词。

Zài zhè piān kèwén zhōng, wǒmen yí gòngxuéle sānshí gè shēngcí.

이 본문에서 우리는 모두 서른 개의 새 단어를 배웠어요.

34.主谓短语作主语
34. 술어구가 주어가 된다.

他不去也可以。

Tā bú qù yě kěyǐ.

그는 가지 않아도 돼요.

身体健康很重要。

Shēntǐ jiànkāng hěn zhòngyào.

신체의 건강은 매우 중요해요.

我参加中文水平考试是为了获得奖学金去中国留学。

Wǒ cānjiā zhōngwén shuǐpíng kǎoshì shì wèile huòdé jiǎngxuéjīn qù zhōngguó liúxué.

제가 중국어능력시험을 본 이유는 장학금을 받아 중국으로 유학을 가기 위해서예요.

35.受事主语
35. 수사주어

例子	拼音	韩语
饭都吃光了。	Fàn dōu chī guāngle.	밥을 다 먹어 버렸어요.
作业我做完了。	Zuòyè wǒ zuò wánle.	저는 숙제를 다 했어요.
这本书我已经看过三遍了。	Zhè běn shū wǒ yǐjīng kànguò sān biànle.	저는 이 책을 이미 세 번씩 보았어요.

36.多项定语
36. 다항 한정어

我有一条漂亮的红围巾。

Wǒ yǒu yìtiáo piàoliang de hóng wéijīn.

저는 예쁜 빨간 목도리 한 개를 가지고 있어요.

我那两件白色长衬衫放在哪里了?

Wǒ nà liǎng jiàn báisè chǎng chènshān fàng zài nǎlǐle?

제 흰색 긴 셔츠 두 벌을 어디에 두었나요?

那位戴着眼镜的白头发高个子老人就是我们的校长。

Nà wèi dài zhe yǎnjìng de bái tóufā gāo gèzi lǎorén jiùshì wǒmen de xiàozhǎng.

그 안경을 쓴 저 흰 머리의 키가 큰 노인은 우리의 교장 선생님이에요.

37. 趋向补语 3
37. 방향보어 3

表示结果意义（引申用法）：动词+ 上/出/起/下

결과의 의미를 나타낸다(파생용법): 동사+ 上/出/起/下

请同学们离开教室时关上窗户。

Qǐng tóngxuémen líkāi jiàoshì shí guānshàng chuānghù.

학생 여러분, 교실을 나갈 때 창문을 닫아 주세요.

他向父母说出了自己的愿望。

Tā xiàng fùmǔ shuō chūle zìjǐ de yuànwàng.

그는 부모님께 자신의 소원을 말하였어요.

他终于想起了当时的情况。

Tā zhōngyú xiǎng qǐ le dāng shí de qíngkuàng.

그는 마침내 당시의 상황이 생각났어요.

他们建立起了亲密的朋友关系。

Tāmen jiànlì qǐle qīnmì de péngyǒu guānxì.

그들은 친밀한 친구 관계를 맺었어요.

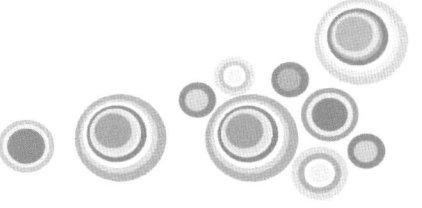

请留下你的地址和手机号。

Qǐng liú xià nǐ de dìzhǐ hé shǒujī hào.

주소와 핸드폰 번호를 남겨주세요.

38. "把"字句 2: 表处置
38. '把'자 문 2: 처치를 나타낸다.

（1）主语+把+宾语+动词(+一/了)+动词

(1)주어+把+목적어+동사(+一/了)+동사

同学们再把试卷检查检查。

Tóngxuémen zài bǎ shìjuàn jiǎnchá jiǎnchá.

학생들은 다시 시험지를 검사하세요.

你把地扫扫，我把桌子擦一擦。

Nǐ bǎ dì sǎo sǎo, wǒ bǎ zhuōzi cā yì cā.

당신은 바닥을 쓸고 저는 탁자를 닦을게요.

他把冬天的衣服晒了晒，收在箱子里。

Tā bǎ dōngtiān de yīfú shàile shài, shōu zài xiāngzi lǐ.

그는 겨울 옷을 햇볕에 쬔 다음, 상자 안에 넣었어요.

（2）主语+把+宾语（+给）+动词+了/着

(2)주어+把+목적어(+给)+동사+了/着

他把学过的生词都忘了。

Tā bǎ xuéguò de shēngcí dōu wàngle.

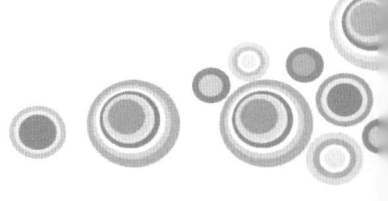

그는 배운 새 단어를 모두 까먹었어요.

他拿不了了，你帮他把这些东西给拿着。

Tā ná bùliǎole, nǐ bāng tā bǎ zhèxiē dōngxī gěi názhe.

그가 다 들 수 없으니 당신이 그를 도와 이 물건들을 좀 들어주세요.

你别忘了把护照带着。

Nǐ bié wàngle bǎ hùzhào dàizhe.

여권을 가지고 가야 된다는 것을 잊지 마세요.

（3）主语+把+宾语+动词+动量补语/时量补语
(3)주어+把+목적어+동사+동량보어/시량보어

老师把他批评了一顿。

Lǎoshī bǎ tā pīpíngle yí dùn.

선생님께서 그를 한바탕 꾸짖으셨어요.

他把文章读了好几遍。

Tā bǎ wénzhāng dúle hǎojǐ biàn.

그는 문장을 여러 번 읽었어요.

他把这个问题认真地考虑了好几天。

Tā bǎ zhège wèntí rènzhēn de kǎolùle hǎo jǐ tiān.

그는 이 문제를 며칠 동안이나 진지하게 생각했어요.

39.被动句 2：主语+被+动词+其他成分
39. 피동문 2: 주어+被+동사+기타성분

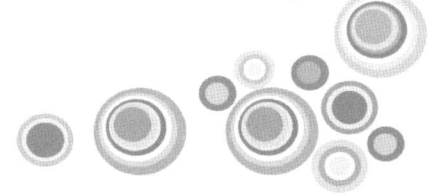

例子	拼音	韩语
王老师被请去开会了。	Wáng lǎoshī bèi qǐng qù kāihuìle.	왕 선생님은 회의에 초청되어 갔어요.
教室的灯早就被关上了。	Jiàoshì de dēng zǎo jiù bèi guānshàngle.	교실의 불은 이미 꺼졌어요.
那张画儿被买走了。	Nà zhāng huà er bèi mǎi zǒule.	그 그림은 팔려갔어요.

40.存现句 2
40. 존현문 2

（1）表示出现：处所词+动词+趋向补语/结果补语+动态助词（了）+数量短语+人/物

(1)출현을 나타낸다: 장소명사+동사+방향보어/결과보어+동태조사(了)+수량구+사람/물건

前边开来一辆车。

Qiánbian kāi lái yí liàng chē.

앞에서 차 한 대가 와요.

我家昨天来了几位客人，带了不少礼物。

Wǒjiā zuótiān láile jǐ wèi kèrén, dài le bù shǎo lǐwù.

어제 우리 집에 손님 몇 분이 오셔서 선물을 많이 주셨어요.

对面走来一位老人。

Duìmiàn zǒu lái yí wèi lǎorén.

맞은편에서 노인 한 분이 걸어와요.

教室里走出来一位老师。

Jiàoshì lǐ zǒu chūlái yí wèi lǎoshī.

교실에서 선생님 한 분이 걸어 나와요.

（2）表示消失：处所词+动词+结果补语+动态助词（了）+数量短语+人/物
(2)소실을 나타낸다: 장소명사+동사+결과보어+동태조사(了)+수량구+사람/물건

我们班里转走了一个学生。

Wǒmen bān lǐ zhuǎn zǒule yígè xuéshēng.

우리 반에 학생 한 명이 전학 갔어요.

阳台上吹跑了一条裙子。

Yángtái shàng chuī pǎole yìtiáo qúnzi.

베란다에서 치마가 바람에 날아갔어요.

院子里搬走了两家人。

Yuànzi lǐ bān zǒule liǎng jiārén.

정원에 두 가족이 이사를 갔어요.

公司调走了几名员工。

Gōngsī diào zǒule jǐ míng yuángōng.

회사에서 몇 명의 직원을 전출해 갔어요.

41.兼语句 2
41. 겸어문 2

(1)表爱憎义：主语+表扬/批评+宾语1+动词+宾语2
(1)사랑함, 싫어함을 나타낸다: 주어+表扬/批评+목적어 1+동사+목적어 2

老师表扬他帮助同学。

Lǎoshī biǎoyáng tā bāngzhù tóngxué.

선생님께서 그가 학우를 돕는다고 칭찬하셨어요.

妈妈总是批评我不整理房间。

Māmā zǒng shì pīpíng wǒ bù zhěnglǐ fángjiān.

엄마는 항상 제가 방을 정리하지 않는다고 나무라셔요.

(2)表称谓或认定义：主语+叫/称（呼）/说/收/选+宾语1+做/为/当/是+宾语2
(2)호칭이나 정의를 나타낸다: 주어+叫/称(呼)/说/收/选+목적어1+做/为/当/是+목적어2

例子	拼音	韩语
大家都称他为先生。	Dàjiā dōu chēng tā wéi xiānshēng.	모두가 그를 선생이라고 불러요.
老师们都说她是好学生。	Lǎoshīmen dōu shuō tā shì hǎo xuéshēng.	선생님들은 모두 그녀가 좋은 학생이라고 말해요.
王教授收我做研究生。	Wáng jiàoshòu shōu wǒ zuò yánjiūshēng.	왕 교수님은 저를 대학원생으로 받아들였어요.
同学们都选他当班长。	Tóngxuémen dōu xuǎn tā dāng bānzhǎng.	학우들은 모두 그를 반장으로 뽑았어요.

42."是……的"句2：强调说话人的看法或态度
42. '是……的' 문 2: 말하는 사람의 생각이나 태도를 강조한다.

例子	拼音	韩语
这个问题是可以解决的。	Zhège wèntí shì kěyǐ jiějué de.	이 문제는 해결할 수 있는 거예요.
这道题是很简单的。	Zhè dào tí shì hěn jiǎndān de.	이 문제는 매우 간단해요.
那样的事情是绝对不会发生的。	Nàyàng de shìqíng shì juéduì bú huì fāshēng de.	그런 일은 절대 일어나지 않아요.

43.不是……,而是……
43. ...이 아니고 ...이다.

我不是不想去，而是没时间。

Wǒ búshì bùxiǎng qù, ér shì méi shíjiān.

가기 싫은 것이 아니라 시간이 없는 거예요.

这不是我的书，而是他的。

Zhè búshì wǒ de shū, ér shì tā de.

이것은 제 책이 아니라 그의 책이에요.

这件事错的不是我，而是他。

Zhè jiàn shì cuò de búshì wǒ, ér shì tā.

이 일의 잘못은 제가 한 것이 아니라 그 사람이 한 것이에요.

44. 既……，又/也……
44. ...하고 (또)...하다.

这件新衣服既好看，又暖和。

Zhè jiàn xīn yīfú jì hǎokàn, yòu nuǎnhuo.

이 새 옷은 보기도 좋고 따뜻하기도 해요.

他既会学习，又会玩儿。

Tā jì huì xuéxí, yòu huì wán er.

그는 공부도 잘하고 놀기도 잘해요.

他既是我们的老师，也是我们的朋友。

Tā jìshì wǒmen de lǎoshī, yěshì wǒmen de péngyǒu.

그는 우리의 선생님이기도 하고 친구이기도 해요.

45. 首先……，其次……
45. 먼저..., 그 다음에...

首先我们要读一遍课文，其次我们要根据课文做一个练习。

Shǒuxiān wǒmen yào dú yíbiàn kèwén, qícì wǒmen yào gēnjù kèwén zuò yígè liànxí.

먼저 우리는 본문을 한 번 읽고, 그 다음에 우리는 본문을 바탕으로 연습을 해야 해요.

我们球队问题很多，首先是队员不够团结，其次是训练时间很短。

Wǒmen qiú duì wèntí hěnduō, shǒuxiān shì duìyuán búgòu tuánjié, qícì shì xùnliàn shíjiān hěn duǎn.

우리 축구 팀에는 문제가 매우 많은데, 첫째, 팀원들의 단결이 부족하며, 둘째, 훈련 시간이 매우 짧아요.

评价一个学生，首先看品质，其次看成绩。

Píngjià yígè xuéshēng, shǒuxiān kàn pǐnzhì, qícì kàn chéngjī.

한 학생을 평가할 때, 우선 품성을 본 다음에 성적을 보아야 해요.

46. ……，于是……
46. 그래서

风停了，下起雨来，于是人们纷纷打起了雨伞。

Fēng tíngle, xià qǐ yǔ lái, yúshì rénmen fēnfēn dǎ qǐle yǔsǎn.

바람이 멎고 비가 오기에 사람들은 너도나도 우산을 쓰기 시작했어요.

他不喜欢这个工作，于是离开了这家公司。

Tā bù xǐhuān zhège gōngzuò, yúshì líkāile zhè jiā gōngsī.

그는 이 일을 좋아하지 않아서 이 회사를 떠났어요.

离开会的时间还早，于是我们去逛了逛书店。

Líkāi huì de shíjiān hái zǎo, yúshì wǒmen qù guàngle guàng shūdiàn.

회의 시간이 아직 일러서, 우리는 서점에 쇼핑을 갔어요.

47. ……，甚至……
47. ..., 심지어...

他什么都不会，甚至连最简单的汉字也写不了。

Tā shénme dōu bú huì, shènzhì lián zuì jiǎndān de hànzì yě xiě bùliǎo.

그는 아무것도 할 줄 모르며, 심지어는 간단한 한자도 쓰지 못해요.

她病得很严重，甚至要做手术。

Tā bìng de hěn yánzhòng, shènzhì yào zuò shǒushù.

그녀의 병이 매우 심해서, 심지어는 수술을 해야 해요.

妈妈真的很生气，甚至晚饭都没有吃。

Māmā zhēn de hěn shēngqì, shènzhì wǎnfàn dōu méiyǒu chī.

엄마는 정말 화가 많이 나셔서 심지어 저녁도 안 드셨어요.

48. 或者……，或者……
48. ... 든지

这件事或者停止，或者重新开始。

Zhè jiàn shì huòzhě tíng zhǐ, huòzhě chóngxīn kāishǐ.

이 일은 중지되거나 다시 시작될 거예요.

暑假或者去上海，或者去杭州，反正得出去旅行。

Shǔjià huòzhě qù shànghǎi, huòzhě qù hángzhōu, fǎnzhèng děi chūqù lǚxíng.

여름방학에 상하이로 가든지 항저우로 가든지, 어차피 여행은 가야 해요.

咱们三个人，或者你去，或者我去，或者他去，谁去都可以。

Zánmen sān gèrén, huòzhě nǐ qù, huòzhě wǒ qù, huòzhě tā qù, shéi qù dōu kěyǐ.

우리 세 사람 중에서 당신이 가든지, 아니면 제가 가든지, 혹은 그가 가든지, 누가 가든지 상관없어요.

49. ……，然而……
49. ...지만, ...

我知道中文很有用，然而中文也太难了。

Wǒ zhīdào zhōngwén hěn yǒuyòng, rán'ér zhōngwén yě tài nánle.

저는 중국어가 매우 유용하다는 것을 알지만 중국어는 매우 어려워요.

他说他不喜欢这部电影，然而我觉得很有意思。

Tā shuō tā bù xǐhuān zhè bù diànyǐng, rán'ér wǒ juéde hěn yǒuyìsi.

그는 이 영화를 좋아하지 않는다고 말했지만, 저는 아주 재미있다고 생각했어요.

50. ……，否则……
50. 그렇지 않으면...

我要认真复习，否则考试会不及格的。

Wǒ yào rènzhēn fùxí, fǒuzé kǎoshì huì bù jígé de.

저는 열심히 복습해야 해요. 그렇지 않으면 시험에 합격하지 못할 거예요.

记得带卡，否则进不了办公室。

Jìde dài kǎ, fǒuzé jìn bùliǎo bàngōngshì.

카드를 가지고 다니는 것을 잊지 마세요. 그렇지 않으면 사무실에 못 들어가요.

上课前一定要预习好生词和课文，否则就听不懂老师讲的。

Shàngkè qián yídìng yào yùxí hào shēngcí hé kèwén, fǒuzé jiù tīng bù dǒng lǎoshī jiǎng de.

수업하기 전에 반드시 새 단어와 본문을 예습해야 해요. 그렇지 않으면 선생님의 말씀을 알아듣지 못할 거예요.

51. 假如……，（就）……
51. 만약...

假如有困难，你一定要告诉我。

Jiǎrú yǒu kùnnán, nǐ yídìng yào gàosù wǒ.

만약 곤란한 일이 있으면 당신은 반드시 저에게 알려야 해요.

假如能通过这个考试，我就可以拿到学校的奖学金了。

Jiǎrú néng tōngguò zhège kǎoshì, wǒ jiù kěyǐ ná dào xuéxiào de jiǎngxuéjīnle.

만약에 이 시험에 통과할 수 있다면 저는 학교의 장학금을 받을 수 있을 거예요.

52. 万一……，（就）……
52. 만일...

万一我没来，你就自己先去吧。

Wàn yī wǒ méi lái, nǐ jiù zìjǐ xiān qù ba.

만일 제가 오지 않으면 당신은 혼자 먼저 가요.

一定要把你们的护照带上，万一需要，没带就麻烦了。

Yídìng yào bǎ nǐmen de hùzhào dài shàng, wàn yī xūyào, méi dài jiù máfanle.

여권을 반드시 가지고 가야 해요. 만일 필요한 상황인데 가지고 가지 않았더라면 번거로울 거예요.

53. 不管……, 都/也……
53. ...거나 상관없이/ 간에

不管明天是否下雨，我都要去看他。

Bùguǎn míngtiān shìfǒu xià yǔ, wǒ dōu yào qù kàn tā.

내일 비가 오든 안 오든 간에 저는 그를 보러 갈 거예요.

不管有多难，我也会坚持学下去。

Bùguǎn yǒu duō nàn, wǒ yě huì jiānchí xué xiàqù.

아무리 어려워도 저는 계속해서 꾸준히 공부할 거예요.

54. 无论……, 都/也……
54. ...든지 상관없이/ 간에

无论学习多么紧张，我都坚持每天锻炼一个小时。

Wúlùn xuéxí duōme jǐnzhāng, wǒ dōu jiānchí měitiān duànliàn yígè xiǎoshí.

공부가 얼마나 힘든지 간에 저는 매일 한 시간씩 꾸준히 운동해요.

无论他怎么说，也没有人相信他。

Wúlùn tā zěnme shuō, yě méiyǒu rén xiāngxìn tā.

그가 아무리 말해도 그를 믿는 사람이 없어요.

55. 既然……, 就……
55. 기왕...

既然这事你已经决定了，我就不说什么了。

Jìrán zhè shì nǐ yǐjīng juédìngle, wǒ jiù bù shuō shénmele.

기왕 이 일에 대해서는 당신이 이미 결정했으니 저는 더 이상 말하지 않겠어요.

既然外面下雨了，我们就明天再去吧。

Jìrán wàimiàn xià yǔle, wǒmen jiù míngtiān zài qù ba.

기왕 밖에 비가 오니 우리는 내일 다시 가자.

56.……，可见……
56. ...을 볼(알) 수 있다.

他的中文水平很高，可见他在留学期间学习是多么努力。

Tā de zhōngwén shuǐpíng hěn gāo, kějiàn tā zài liúxué qījiān xuéxí shì duōme nǔlì.

그의 중국어 실력은 아주 뛰어나요. 그가 유학하는 동안 얼마나 열심히 공부했는지 알 수 있어요.

他在我困难的时候一直帮助我，可见他是多么好的朋友。

Tā zài wǒ kùnnán de shíhòu yìzhí bāngzhù wǒ, kějiàn tā shì duōme hǎo de péngyǒu.

그는 제가 어려울 때 줄곧 저를 도와주었으니, 그가 얼마나 좋은 친구인지를 알 수 있어요.

57.哪怕……，也/还……
57. 설령 ...하더라도, ...하겠다.

哪怕明天下雨，足球比赛也要继续进行。

Nǎpà míngtiān xià yǔ, zúqiú bǐsài yě yào jìxù jìnxíng.

설령 내일 비가 온다 하더라도 축구 경기는 계속 진행할 거예요.

哪怕再难，我也要坚持学下去。

Nǎpà zài nán, wǒ yě yào jiānchí xué xiàqù.

설령 더 어려워지더라도 저는 계속해서 꾸준히 공부할 거예요.

哪怕机会不大，我还是要去试一试。

Nǎpà jīhuì bú dà, wǒ háishì yào qù shì yí shì.

설령 기회가 크지 않더라도 저는 여전히 시도해 볼 거예요.

58. ……, 好……
58. ...할 수 있도록.

老师布置了听写作业，好帮助学生练习汉字。

Lǎoshī bùzhìle tīngxiě zuòyè, hǎo bāngzhù xuéshēng liànxí hànzì.

선생님은 학생들의 한자 연습을 도울 수 있도록 받아쓰기 숙제를 내 주셨어요.

我们应该不断地引导他，好让他对自己有信心。

Wǒmen yīnggāi búduàn de yǐndǎo tā, hǎo ràng tā duì zìjǐ yǒu xìnxīn.

우리는 그가 자신에 대해 믿음을 가질 수 있도록 끊임없이 인도해야 해요.

她每天都给家里打电话，好让父母放心。

Tā měitiān dōu gěi jiālǐ dǎ diànhuà, hǎo ràng fùmǔ fàngxīn.

그녀는 부모님을 안심시킬 수 있도록 매일 집에 전화를 해요.

59. 无标记
59. 태그 없음

例子	拼音	韩语
你有事你先走。	Nǐ yǒushì nǐ xiān zǒu.	일이 있으면 먼저 가세요.

| 你不怕我怕。 | Nǐ búpà wǒ pà. | 당신은 무서워하지 않지만 저는 무서워요. |
| 你想去你去。 | Nǐ xiǎng qù nǐ qù. | 가고 싶으면 그냥 가세요. |

60. 不……也……
60. 반드시 ...해야 하다.

今天晚上我不睡觉也要把这篇作文写完。

Jīntiān wǎnshàng wǒ bú shuìjiào yě yào bǎ zhè piān zuòwén xiě wán.

오늘 밤 저는 잠을 자지 않더라도 이 글을 다 써야 해요.

他不吃饭也要帮我修电脑。

Tā bù chīfàn yě yào bāng wǒ xiū diànnǎo.

그는 밥을 먹지 않아서라도 제 컴퓨터 수리를 도와주려고 해요.

他不休息也要玩儿手机游戏。

Tā bù xiūxí yě yào wán er shǒujī yóuxì.

그는 쉬지 않더라도 휴대폰 게임을 하려 해요.

61.概数表示法3：数词+来+量词
61. 대략적인 수 표기방법 3: 수사+来+양사

例子	拼音	韩语
十来本	Shí lái běn	10여 권
五十来斤	wǔshí lái jīn	50여 근
一百来辆	yìbǎi lái liàng	백여 대

62.小数、分数、百分数、倍数的表示法
62. 소수, 분수, 백분율, 배수의 표기법

零点三

Líng diǎn sān

영점 3

三分之二

sān fēn zhī èr

3분의 2

百分之五十

bǎi fēn zhī wǔshí

50 퍼센트

五倍

wǔ bèi

5배

这一百个汉字，我认识三分之二。

zhè yìbǎi gè hànzì, wǒ rènshí sān fēn zhī èr.

저는 이 백 개의 한자 중 3분의 2를 알아요.

这支笔的价格比原来降低了百分之五十。

Zhè zhī bǐ de jiàgé bǐ yuánlái jiàng dī le bǎi fēn zhī wǔ shí.

이 펜의 가격은 원래보다 50% 떨어졌어요.

三班男生人数是女生人数的三倍。

Sān bān nánshēng rénshù shì nǚshēng rén shǔ de sān bèi.

3 반의 남학생 수는 여학생 수의 3배예요.

63.用反问句表示强调
63. 반어문으로 강조를 나타낸다.

反问句 2：由疑问代词构成的反问句

반어문 2: 의문대명사로 이루어진 반어문

他这么有名，谁不知道啊？

Tā zhème yǒumíng, shéi bù zhīdào a?

그가 이렇게 유명한지 누가 몰라요?

他去哪儿，我怎么会知道呢？

Tā qù nǎ'er, wǒ zěnme huì zhīdào ne?

그가 어디로 갔는지 제가 어떻게 알겠어요?

作业这么多，我哪儿有时间出去玩儿？

Zuòyè zhème duō, wǒ nǎ'er yǒu shíjiān chūqù wán er?

숙제가 이렇게 많은데 제가 어디 놀러 갈 시간이 있겠어요?

64．用双重否定表示强调
64. 이중 부정으로 강조를 나타낸다.

没有孩子不喜欢玩儿。

Méiyǒu háizi bù xǐhuān wán er.

놀고 싶어 하지 않는 아이는 없어요.

这么重要的活动我不可能不参加。

Zhème zhòngyào de huódòng wǒ bù kěnéng bùcānjiā.

이렇게 중요한 행사에 제가 참가를 안 할리가 없어요.

老师不会不答应我们的请求。

Lǎoshī bú huì bù dāyìng wǒmen de qǐngqiú.

선생님이 우리들의 부탁을 들어주시지 않을 리가 없어요.

我们家没有不喜欢唱歌的。

Wǒmen jiā méiyǒu bù xǐhuān chànggē de.

우리 가족 중에 노래하기 싫어하는 사람이 없어요.

65. 用"一+量词（+名词）+也（都）/也没（不）……"表示强调
65. '一+양사（+명사）+也（都）/也没（不）……'로 강조를 나타낸다.

我一本中文书也没看过。

Wǒ yì běn zhōngwén shū yě méi kànguò.

저는 중국어 책을 한 권도 본 적이 없어요.

我累得一步路都走不动了。

Wǒ lèi de yíbù lù dōu zǒu bú dòngle.

저는 한 걸음도 더 걸을 수 없을 정도로 지쳤어요.

上海我一次也没去过。

Shànghǎi wǒ yícì yě méi qùguò.

저는 상해에 한 번도 가 본 적이 없어요.

刚来中国时，他一句中文也听不懂。

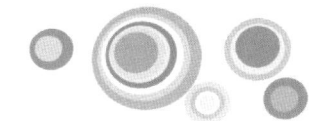

Gāng lái zhōngguó shí, tā yíjù zhōngwén yě tīng bù dǒng.

처음 중국에 왔을 때 그는 중국어를 한 마디도 알아듣지 못했어요.

66. 用"连……也/都……"表示强调
66. '连......也/都......'로 강조를 나타낸다.

他连这个作家的名字也没听说过。

Tā lián zhège zuòjiā de míngzì yě méi tīng shuōguò.

그는 이 작가의 이름조차 들어 보지 못했어요.

我连最简单的汉字都写不出来。

Wǒ lián zuì jiǎndān de hànzì dōu xiě bù chūlái.

저는 간단한 한자도 쓰지 못해요.

67. 不 X 白不 X
67. ...하지 않으면 손해이다.

今天班长请客，咱们不吃白不吃。

Jīntiān bānzhǎng qǐngkè, zánmen bù chī bái bù chī.

오늘 반장이 한턱을 내는데, 먹지 않으면 우리 손해예요.

这个电影是免费的，我们为什么不去看电影？不看白不看。

Zhège diànyǐng shì miǎnfèi de, wǒmen wèishéme bú qù kàn diànyǐng? Bú kàn bái bú kàn.

이 영화는 무료인데, 우리는 왜 영화를 보러 가지 않나요? 안 보면 손해야.

68. 动词+一 X 是一 X
68. 동사+一 X 是一 X

虽然日子过得很难，但也不能过一天是一天。

Suīrán rìziguò de hěn nán, dàn yě bùnéngguò yìtiān shì yìtiān ba.

살기가 힘들더라도 하루하루를 그럭저럭 살아가서는 안 돼요.

事情实在太多了，能做一件是一件吧。

Shìqíng shízài tài duōle, néng zuò yí jiàn shì yí jiàn ba.

일이 너무 많더라도 한 가지를 시작하면 그냥 해라.

做一道题是一道题，你一定能做完。

Zuò yídào tí shì yídào tí, nǐ yídìng néng zuò wán.

문제를 한 개 풀더라도 당신은 반드시 다 풀 수 있어요.

69.（没）有什么（好）X 的
69. ...할 것 없다.

这才刚刚开始，没有什么好激动的。

Zhè cái gānggāng kāishǐ, méiyǒu shé me hǎo jīdòng de.

이제 막 시작했으니 그리 흥분할 것 없어요.

你还是别担心了，有什么好害怕的。

Nǐ háishì bié dānxīnle, yǒu shé me hǎo hàipà de.

당신은 그래도 걱정하지 마세요. 무서울 게 뭐가 있어요.

有什么好难过的，这是我们早就想到的结果。

Yǒu shén me hǎo nánguò de, zhè shì wǒmen zǎo jiù xiǎngdào de jiéguǒ.

그리 괴로울 게 뭐가 있어요. 이건 우리가 이미 예상하고 있었던 결과예요.

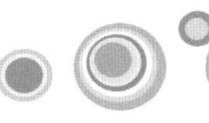

70. X 是 X, Y 是 Y
70. X 는 X 이고, Y 는 Y 이다.

一是一，二是二，这要分清楚。

Yī shì yī, èr shì èr, zhè yào fēn qīngchǔ.

하나는 하나고, 둘은 둘인데 이것을 똑똑히 나눠야 해요.

他是他，我是我，意见不同很正常。

Tā shì tā, wǒ shì wǒ, yìjiàn bùtóng hěn zhèngcháng.

그 사람은 그 사람이고 저는 제 자신이라서 의견이 다른 것은 아주 정상적이에요.

昨天是昨天，今天是今天，你得交作业。

Zuótiān shì zuótiān, jīntiān shì jīntiān, nǐ děi jiāo zuòyè.

어제는 어제고 오늘은 오늘이기 때문에 당신은 숙제를 내야 해요.

71. X 也是 X, 不 X 也得 X
71. 반드시 ...해야 하다.

这件事很重要，你做也得做，不做也得做。

Zhè jiàn shì hěn zhòngyào, nǐ zuò yě děi zuò, bú zuò yě děi zuò.

이 일은 중요하기 때문에 당신은 반드시 해야 해요.

你吃也得吃，不吃也得吃，不能浪费粮食。

Nǐ chī yě děi chī, bù chī yě děi chī, bùnéng làngfèi liángshí.

당신은 반드시 먹어야 해요. 음식을 낭비하면 안 돼요.

都病成这样了，医院你去也得去，不去也得去。

Dōu bìng chéng zhèyàngle, yīyuàn nǐ qù yě děi qù, bú qù yě děi qù.

병이 이렇게 심하면 당신은 병원에 반드시 가야 해요.

72. X 就是了
72. 직접 …하면 되다.

你别浪费时间了，直接说就是了。

Nǐ bié làngfèi shíjiānle, zhíjiē shuō jiùshìle.

시간을 낭비하지 말고, 직접 말하면 돼요.

你不要生气，以后别跟他说话就是了。

Nǐ búyào shēngqì, yǐhòu bié gēn tā shuōhuà jiùshìle.

화내지 말고 앞으로 그와 말을 하지 않으면 돼요.

73. 还 X 呢
73. 무슨 …(이)야.

还名牌儿呢，我听都没听过。

Hái míngpái er ne, wǒ tīng dōu méi tīngguò.

무슨 명품이야, 저는 들어보지도 못했어요.

还有名的专家呢，这水平还没我高。

Hái yǒumíng de zhuānjiā ne, zhè shuǐpíng hái méi wǒ gāo.

무슨 유명한 전문가야, 이 수준은 저보다 높지 않아요.

还著名诗人呢，这诗写的我都看不懂。

Hái zhùmíng shīrén ne, zhè shī xiě de wǒ dōu kàn bù dǒng.

무슨 유명한 시인이야, 이 시는 저도 알아보지 못해요.

74. 你 X 你的吧
74. 당신은 ...하세요.

你吃你的吧，别给我留。

Nǐ chī nǐ de ba, bié gěi wǒ liú.

당신은 먹고 저를 위해 남기지 않아도 돼요.

没有什么事，你休息你的吧！

Méiyǒu shén me shì, nǐ xiūxi nǐ de ba!

아무 일 없으니 당신은 쉬세요!

你忙你的吧，我跟孩子玩儿一会儿。

Nǐ máng nǐ de ba, wǒ gēn hái zi wán er yìhuì'er.

당신은 일을 해라. 저는 아이와 놀 테니.

75. 让/叫你 X 你就 X
75. ...(으)라면 ...하다.

让你做你就做，别多问了。

Ràng nǐ zuò nǐ jiù zuò, bié duō wènle.

하라면 해라. 더 이상 묻지 마.

叫你吃你就吃，其他的你别管。

Jiào nǐ chī nǐ jiù chī, qítā de nǐ biéguǎn.

먹으라면 먹고, 다른 것은 상관하지 마세요.

让你安静你就安静，别那么多话。

Ràng nǐ ānjìng nǐ jiù ānjìng, bié nàme duō huà.

조용히 하라면 조용히 하세요. 쓸데없는 말을 하지 마세요.

76.说什么/怎么（着）也得X
76. 어찌 하더라도 / 어떻게 해서라도 ...해야 한다.

他生病了，我说什么也得去看看他。

Tā shēngbìngle, wǒ shuō shénme yě děi qù kàn kàn tā.

그가 병이 났으니 저는 어찌 하더라도 그를 찾아가 보아야겠어요.

这么重要的活动，你怎么也得来一下儿。

Zhème zhòngyào de huódòng, nǐ zěnme yě děi lái yíxià er.

이렇게 중요한 행사에 당신은 어떻게 해서라도 행사에 와야 해요.

没时间了，说什么也得走了。

Méi shíjiānle, shuō shénme yě děi zǒule.

시간이 없어서 어쨌든 가야겠어요.

HSK 5급 문법

01.指示代词：彼此、如此
1. 지시대명사: 서로、이렇게

朋友之间应该彼此信任。

Péngyǒu zhī jiān yīnggāi bǐcǐ xìnrèn.

친구 간에는 서로 신뢰해야 해요.

我们是多年的好朋友，不分彼此。

Wǒmen shì duōnián de hǎo péngyǒu, bù fēn bǐcǐ.

우리는 오랜 친구여서 네 것 내 것을 가리지 않아요.

十年后，两座城市的发展状况如此不同。

Shí nián hòu, liǎng zuò chéngshì de fā zhǎn zhuàngkuàng rúcǐ bùtóng.

10년 후, 두 도시의 발전한 모습은 너무 달라요.

他如此认真地锻炼是为了有个健康的身体。

Tā rúcǐ rènzhēn de duànliàn shì wèile yǒu gè jiànkāng de shēntǐ.

그가 이렇게 열심히 단련하는 것은 건강한 신체를 갖기 위해서예요.

02.名量词：册、朵、幅、届、颗、匹、扇
2. 명량사: 권, 송이, 폭, 기, 알, 필, 짝

例子	拼音	韩语
一册书	Yí cè shū	책 한 권

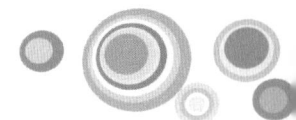

一朵花	yì duǒ huā	꽃 한 송이
一幅画	yì fú huà	그림 한 폭
一届学生	yí jiè xuéshēng	학생 한 기수
一颗糖	yì kē táng	사탕 한 알
一匹布	yì pǐ bù	천 한 필
一扇窗户	yí shàn chuānghù	창문 한 짝

03. 程度副词: 过于、可1、稍
3. 정도부사: 너무、정말 1、좀

这件事发生得过于突然了。

Zhè jiàn shì fāshēng de guòyú túránle.

이 일은 너무 갑작스럽게 발생했어요.

他女朋友可漂亮了！

Tā nǚ péngyǒu kě piàoliangle!

그의 여자 친구는 정말 예뻐요!

这幅画再挂得稍高一点儿。

Zhè fú huà zài guà de shāo gāo yīdiǎn er.

이 그림은 좀 더 높게 걸으세요.

稍微坚持一下儿，马上就结束了。

Shāowēi jiānchí yíxià er, mǎshàng jiù jiéshùle.

조금만 견디면 곧 끝나요.

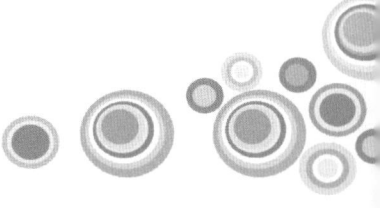

她喜欢运动，尤其是游泳。

Tā xǐhuān yùndòng, yóuqí shì yóuyǒng.

그녀는 운동을 좋아하는데 특히 수영을 좋아해요.

04.范围副词：大都
4. 범위부사: 대부분

参加划船比赛的大都是女生。

Cānjiā huáchuán bǐsài de dàdōu shì nǚshēng.

카누 경기에 참가한 사람은 대부분 여학생이에요.

我们班的学生大都很爱学习。

Wǒmen bān de xuéshēng dàdōu hěn ài xuéxí.

우리 반의 학생들은 대부분 공부를 좋아해요.

小孩儿大都喜欢吃甜的。

Xiǎo hái'ér dàdōu xǐhuān chī tián de.

아이들은 대부분 단것을 좋아해요.

05.时间副词：不时、将、将要、仍旧、时常、时刻、依旧、一向
5. 시간부사: 때때로、겠、곧、여전히、항상、시시각각、여전히、줄곧

我不时想起过去的事情。

Wǒ bùshí xiǎngqǐ guòqù de shìqíng.

저는 때때로 과거의 일이 생각나요.

明年我们将去国外考察。

Míngnián wǒmen jiāng qù guówài kǎochá.

내년에 우리는 국외로 시찰을 갈 거예요.

电视剧将要开始了。

Diànshìjù jiāngyào kāishǐle.

드라마가 곧 시작해요.

二十年过去了，他仍旧没结婚。

Èrshí nián guòqùle, tā réngjiù méi jiéhūn.

20년이 지났지만 그는 여전히 결혼을 하지 않았어요.

长大以后，我时常怀念我的故乡。

Zhǎng dà yǐhòu, wǒ shícháng huáiniàn wǒ de gùxiāng.

성장한 후 저는 항상 제 고향을 그리워해요.

在国外，我时刻想念着国内的亲人。

Zài guówài, wǒ shíkè xiǎngniànzhe guónèi de qīnrén.

국외에 있으면서 저는 시시각각 국내의 가족들을 그리고 있어요.

十年过去了，他依旧住在那里。

Shí nián guòqùle, tā yījiù zhù zài nàlǐ.

10년이 지났지만 그는 여전히 그곳에 살고 있어요.

他一向不爱说话。

Tā yíxiàng bú ài shuōhuà.

그는 원래 말하는 것을 좋아하지 않아요.

06.频率、重复副词：偶尔、再次
6. 빈도, 중복부사: 가끔, 다시

他不常请假，只是偶尔迟到一次。

Tā bù cháng qǐngjià, zhǐshì ǒu'ěr chídào yícì.

그는 자주 휴가를 내지는 않고, 다만 가끔씩 한 번 지각할 뿐이에요.

我们决不让类似的事情再次发生。

Wǒmen jué bú ràng lèisì de shìqíng zàicì fāshēng.

우리는 결코 유사한 일이 다시 발생하지 않도록 할 거예요.

07.方式副词：偷偷
7. 방식부사: 몰래

我偷偷送给他一件礼物。

Wǒ tōutōu sòng gěi tā yí jiàn lǐwù.

저는 그에게 선물을 몰래 보냈어요.

她偷偷地从窗户向外看。

Tā tōutōu de cóng chuānghù xiàng wài kàn.

그녀는 몰래 창문으로 밖을 보았어요.

08.语气副词：毕竟、不免、差（一）点儿、倒是、干脆、就4、居然、可2、明明、总算

8. 어기부사: 필경, 면할 수 없다, ㄹ 뻔하다, 오히려, 아예, 곧 4, 뜻밖에, 정말 2, 분명히, 드디어

不要怪他，他毕竟还小。

Búyào guài tā, tā bìjìng hái xiǎo.

그를 탓하지 마세요. 그는 필경 아직 어려요.

第一次参加考试，不免有些紧张。

Dì yī cì cānjiā kǎoshì, bùmiǎn yǒuxiē jǐnzhāng.

처음 시험을 보니 긴장하지 않을 수 없어요.

我今天上学差点儿迟到。

Wǒ jīntiān shàngxué chàdiǎn er chídào.

하마터면 오늘 학교에 지각할 뻔했어요.

这种做法倒是怪新鲜的，从来没见过。

Zhè zhǒng zuòfǎ dàoshì guài xīnxiān de, cónglái méi jiànguò.

이런 방법은 정말 신선해서 지금까지 본 적이 없어요.

这个人不讲道理，我们干脆不和他合作了。

Zhège rén bù jiǎng dàolǐ, wǒmen gāncuì bù hé tā hézuòle.

이 사람은 도리를 따지지 않으니 우리는 아예 그와 합작하지 않겠어요.

别劝我，我就要去。

Bié quàn wǒ, wǒ jiù yào qù.

저를 설득하지 마세요. 저는 곧 가겠어요.

没想到，这件事居然是她干的。

Méi xiǎngdào, zhè jiàn shì jūrán shì tā gàn de.

이 일은 뜻밖에도 그녀가 했어요.

我可记不住这么多生词。

Wǒ kě jì bú zhù zhème duō shēngcí.

저는 이렇게 많은 새 단어를 모두 기억하지 못해요.

明明是你做的，为什么要说是别人做的。

Míngmíng shì nǐ zuò de, wèishénme yào shuō shì biérén zuò de.

분명히 당신이 했는데 왜 다른 사람이 했다고 해요.

这本书总算学完了。

Zhè běn shū zǒngsuàn xué wánle.

이 책을 드디어 다 공부했어요.

09.随着

9. 에 따라

随着时间的推进，我慢慢理解了他的做法。

Suízhe shíjiān de tuījìn, wǒ màn man lǐjiěle tā de zuòfǎ.

시간이 흐르면서 저는 그의 방법을 천천히 이해하게 되었어요.

随着冬天的到来，房间越来越冷。

Suízhe dōngtiān de dàolái, fángjiān yuè lái yuè lěng.

겨울이 옴에 따라서, 방 안이 갈수록 추워져요.

10. 将

10. 를/ 을 하다

父母将他送到中国留学。

Fùmǔ jiāng tā sòng dào zhōngguó liúxué.

부모님은 그를 중국으로 유학 보냈어요.

禁止将书带出阅览室。

Jìnzhǐ jiāng shū dài chū yuèlǎn shì.

책을 열람실 밖으로 가지고 나가는 것을 금지해요.

11. 由 2

11. 이/가 2

这道题由你来回答吧。

Zhè dào tí yóu nǐ lái huídá ba.

이 문제는 당신이 대답하세요.

这件事情由班长负责。

Zhè jiàn shìqíng yóu bānzhǎng fùzé.

이 일은 반장이 책임져요.

12. 凭

12. 에 근거하여

凭他的水平，通过这次考试没有问题。

Píng tā de shuǐpíng, tōngguò zhè cì kǎoshì méiyǒu wèntí.

그의 수준이라면 이번 시험에 통과하는 데 문제가 없어요.

凭经验进行判断往往是不准确的。

Píng jīngyàn jìnxíng pànduàn wǎngwǎng shì bù zhǔnquè de.

경험에 근거하여 판단하는 것은 종종 정확하지 않아요.

13. 依据

13. 에 의거하여

要依据事实办事。

Yào yījù shìshí bànshì.

사실에 근거하여 일을 처리해야 해요.

警察依据线索抓住了坏人。

Jǐngchá yījù xiànsuǒ zhuā zhùle huàirén.

경찰은 단서에 의거하여 나쁜 사람을 잡았어요.

14. 依照

14. 에 따라

他想依照自己喜欢的方式去生活。

Tā xiǎng yīzhào zìjǐ xǐhuān de fāngshì qù shēnghuó.

그는 자기가 좋아하는 방식에 따라 살려고 해요.

依照学校的规定，学生要按时上课，不能迟到。

Yīzhào xuéxiào de guīdìng, xuéshēng yào ànshí shàngkè, bùnéng chídào.

학교의 규정에 따르면 학생은 규정된 시간에 수업을 해야 하며 지각하면 안 돼요.

15.连接分句或句子：从而、加上、完了、一旦

15. 단문이나 문장을 연결한다: 그리하여, 게다가, 다, 일단

他努力学习，从而实现了当翻译的理想。

Tā nǔlì xuéxí, cóng'ér shí xiàn le dāng fānyì de lǐxiǎng.

그는 열심히 공부해서 번역가가 되겠다는 꿈을 이루었어요.

今天天气不太好，加上你还有很多作业，我们还是别去公园了吧。

Jīntiān tiānqì bú tài hǎo, jiā shàng nǐ hái yǒu hěnduō zuòyè, wǒmen háishìbié qù gōngyuánle ba.

오늘은 날씨가 그다지 좋지 않고, 게다가 당신은 숙제가 많으니, 공원에 가지 않는 게 낫겠어요.

你快点儿写作业，完了我们去公园玩儿。

Nǐ kuài diǎn er xiě zuòyè, wánle wǒmen qù gōngyuán wán er.

빨리 숙제를 하세요. 다하고 나면 우리 공원에 놀러 가요.

你要想好了，一旦选择了就不能放弃。

Nǐ yào xiǎng hǎole, yídàn xuǎnzéle jiù bùnéng fàngqì.

잘 생각해야 해요. 일단 선택했다면 포기할 수 없어요.

16.其他助词：也好

16. 기타조사: 든지

让他亲自在现场试一试也好。

Ràng tā qīnzì zài xiànchǎng shì yí shì yě hǎo.

현장에서 직접 해 보라고 하는 것도 좋을 것 같아요.

你来也好，不来也好，随便吧。

Nǐ lái yě hǎo, bù lái yě hǎo, suíbiàn ba.

오든지 안 오든지 당신 마음대로 해라.

多学一门语言也好，将来可以凭此找份工作。

Duō xué yì mén yǔyán yě hǎo, jiānglái kěyǐ píng cǐ zhǎo fèn gōngzuò.

언어를 하나 더 배우는 것도 좋아요. 나중에 이것을 바탕으로 직업을 찾을 수도 있겠지요.

17. A 来 A 去
17. 아무리 A 해도

想来想去，还是小王最合适。

Xiǎnglái xiǎng qù, háishì xiǎo wáng zuì héshì.

아무리 생각해 봐도 샤오왕이 제일 적합해요.

大家讨论来讨论去，最后还是没解决。

Dàjiā tǎolùn lái tǎolùn qù, zuìhòu háishì méi jiějué.

모두가 끊임없이 토론했지만, 결국 해결하지 못했어요.

她是一名导游，经常在世界各地飞来飞去。

Tā shì yī míng dǎoyóu, jīngcháng zài shìjiè gèdì fēi lái fēi qù.

그녀는 가이드로, 세계 각지를 자주 날아다녀요.

18. A 着 A 着
18. A 다가

她说着说着就哭起来了。

Tā shuōzhe shuōzhe jiù kū qǐláile.

그녀는 말을 하다가 울기 시작했어요.

我躺在床上看电视，看着看着就睡着了。

Wǒ tǎng zài chuángshàng kàn diànshì, kànzhe kànzhe jiù shuìzháole.

저는 침대에 누워 TV를 보다가 잠이 들었어요.

19. 没 A 没 B
19. A 지도 B 지도 않다.

一上午没吃没喝，我要饿死了。

Yí shàngwǔ méi chī méi hē, wǒ yào è sǐle.

오전 내내 먹지도 마시지도 않아서 저는 배가 고파 죽을 것 같아요.

这孩子说话没大没小的，一点儿礼貌都没有。

Zhè háizi shuōhuà méi dà méi xiǎo de, yīdiǎn er lǐmào dōu méiyǒu.

이 아이는 말하는 것이 버르장머리가 없어서 예의라고는 조금도 없어요.

20. 说 A 就 A
20. A 는다고 하면 A

为什么人生需要有一次说走就走的旅行？

Wèishéme rénshēng xūyào yǒu yícì shuō zǒu jiù zǒu de lǚxíng?

인생에는 왜 떠나자고 하는 여행이 필요해요?

说干就干，只有干才能找到办法。

Shuō gàn jiù gàn, zhǐyǒu gàn cáinéng zhǎodào bànfǎ.

한다 하면 하고, 해야만 방법을 찾을 수 있어요.

21. 有A有B

21. A도 있고 B도 있다.

下课了，同学们有说有笑地走出了教室。

Xiàkèle, tóngxuémen yǒu shuō yǒu xiào de zǒuchūle jiàoshì.

수업이 끝나자 학우들은 서로 얘기하고 웃으며 교실을 나섰어요.

这里的农村有山有水，空气好，农民们过上了好日子。

Zhèlǐ de nóngcūn yǒu shān yǒu shuǐ, kōngqì hǎo, nóngmínmen guòshàngle hǎo rìzi.

이곳의 농촌은 산도 있고 물도 좋고 공기도 좋아서 농민들은 좋은 생활을 하게 되었어요.

节日的公园里有男有女，有老有少，十分热闹。

Jiérì de gōngyuán lǐ yǒu nán yǒu nǚ, yǒu lǎo yǒu shào, shífēn rènào.

명절날의 공원은 남자와 여자, 늙은이와 젊은이가 있어 매우 떠들썩해요.

22. 不得了

22. 대단하다

你又考了第一名，真是不得了！

Nǐ yòu kǎole dì yī míng, zhēnshì bùdéliǎo!

당신이 또 일등을 했네요, 정말 대단해요!

不得了了，房间里进水了。

Bùdéliǎole, fángjiān lǐ jìn shuǐle.

큰일났어요. 방에 물이 들어와요.

完了完了，不得了了，电脑坏了。

Wánle wánle, bùdéliǎole, diànnǎo huàile.

망했어요. 큰일났어요. 컴퓨터가 고장 났어요.

23. 不敢当
23. 감당할 수 없다.

这样的奖励我真是不敢当。

Zhèyàng de jiǎnglì wǒ zhēnshì bù gǎndāng.

이러한 상을 정말 감당할 수 없어요.

不敢当，我只是做了我应该做的事情。

Bù gǎndāng, wǒ zhǐshì zuòle wǒ yīnggāi zuò de shìqíng.

천만에요, 저는 단지 제가 마땅히 해야 할 일을 했을 뿐이에요.

您千万别这样说，我实在是不敢当。

Nín qiān wàn bié zhèyàng shuō, wǒ shízài shì bù gǎndāng.

제발 이렇게 말씀하지 마십시오. 정말 송구스러워요.

24.得了
24. 됐다.

麻烦别人还不如你自己去得了。

Máfan biérén hái bùrú nǐ zìjǐ qù déle.

다른 사람을 귀찮게 하는 것보다 차라리 당신이 혼자 가는 것이 나아요.

得了吧，他不可能帮助别人的。

Déle ba, tā bù kěnéng bāngzhù biérén de.

됐어요. 그는 다른 사람을 도울 리가 없어요.

你可得了吧，谁能这么想呢？

Nǐ kě dé le ba, shéi néng zhème xiǎng ne?

됐어요. 누가 이렇게 생각하겠어요?

25.用不着
25. 필요가 없다.

你有话可以直接说，用不着害怕。

Nǐ yǒu huà kěyǐ zhíjiē shuō, yòng bùzháo hàipà.

당신은 할 말이 있으면 바로 할 수 있으니 겁먹을 필요 없어요.

用不着听他的，他什么都不懂。

Yòng bùzháo tīng tā de, tā shénme dōu bù dǒng.

그는 아무것도 모르니, 그의 말을 들을 필요 없어요.

孩子们都工作了，您用不着担心了。

Háizimen dōu gōngzuòle, nín yòng bùzháo dānxīnle.

아이들이 모두 일을 하니 염려하실 필요가 없어요.

26. 从……来看
26. ...에서 보면

从这个角度来看，很多问题都可以解决。

Cóng zhège jiǎodù lái kàn, hěnduō wèntí dōu kěyǐ jiějué.

이 각도에서 보면 많은 문제들을 전부 해결할 수 있어요.

从他的考试成绩来看，他平时根本没有认真学习。

Cóng tā de kǎoshì chéngjī lái kàn, tā píngshí gēnběn méiyǒu rènzhēn xuéxí.

그의 시험 성적을 보면 그는 평소에 전혀 열심히 공부하지 않았어요.

从以往的经验来看，这件事基本上没有问题。

Cóng yǐwǎng de jīngyàn lái kàn, zhè jiàn shì jīběn shàng méiyǒu wèntí.

이전의 경험을 보면 이 일은 기본적으로 문제가 없어요.

27. 到……为止
27. ...까지

到目前为止，他还没有出过什么错。

Dào mùqián wéizhǐ, tā hái méiyǒu chūguò shén me cuò.

그는 지금까지 어떤 실수도 한 적이 없어요.

我的报告到此为止，谢谢！

Wǒ de bàogào dào cǐ wéizhǐ, xièxiè!

제 보고는 여기까지 끝났습니다. 감사합니다!

到昨天为止，这个项目已经完成了一半。

Dào zuótiān wéizhǐ, zhège xiàngmù yǐjīng wánchéngle yíbàn.

어제까지 이 프로젝트의 절반을 벌써 완성했어요.

28. 够……的

28. 몹시

眼前这几件事就够他忙的了。

Yǎnqián zhè jǐ jiàn shì jiù gòu tā máng dele.

지금 이 몇 가지 일만으로도 그는 몹시 바빠요.

他可真够聪明的，竟然抓住了这个机会。

Tā kě zhēn gòu cōngmíng de, jìngrán zhuā zhùle zhège jīhuì.

뜻밖에도 이 기회를 잡다니 그는 정말 총명해요.

这本书够难的，他肯定看不懂。

Zhè běn shū gòu nán de, tā kěndìng kàn bù dǒng.

이 책은 몹시 어려우니 그는 틀림없이 이해하지 못할 거예요.

29. 拿……来说

29. …말해 보다.

拿成绩来说，他绝对是第一。

Ná chéngjī lái shuō, tā juéduì shì dì yī.

성적으로 말하자면 그는 영락없이 일등이에요.

拿这件事来说，你没有做错什么。

Ná zhè jiàn shì lái shuō, nǐ méiyǒu zuò cuò shénme.

이 일에 대해서 말하자면 당신은 잘못한 것이 없어요.

拿这次考试来说，只要平时努力就能通过。

Ná zhè cì kǎoshì lái shuō, zhǐyào píngshí nǔlì jiù néng tōngguò.

이번 시험에 대해 말하자면 평소에 노력만 한다면 통과할 수 있어요.

30. A 的 A, B 的 B

30. A 것은 A 고, B 것은 B

衣服大的大，小的小，没有一件合适的。

Yīfu dà de dà, xiǎo de xiǎo, méiyǒu yí jiàn héshì de.

옷이 큰 것은 크고, 작은 것은 작아서 마땅한 것이 하나도 없어요.

家里老的老，少的少，我们得帮帮她。

Jiālǐ lǎo de lǎo, shào de shào, wǒmen děi bāng bāng tā.

집 안에 늙은 사람은 늙었고 어린 사람은 어리니 우리가 그녀를 도와야 해요.

这里的建筑高的高，低的低，不太整齐。

Zhèlǐ de jiànzhù gāo de gāo, dī de dī, bú tài zhěngqí.

이곳의 건물은 높은 것은 높고, 낮은 것은 낮아 그다지 가지런하지 않아요.

31. 在……看来
31. ...보기에

在我看来，这次中文考试实在是太难了。

Zài wǒ kàn lái, zhè cì zhōngwén kǎoshì shízài shì tài nánle.

제가 보기에 이번 중국어 시험은 정말 너무 어려웠어요.

在很多人看来，这件事没有那么简单。

Zài hěnduō rén kàn lái, zhè jiàn shì méiyǒu nàme jiǎndān.

많은 사람들이 보기에 이 일은 그렇게 간단하지 않아요.

在老师看来，每一个学生都有自己的优点。

Zài lǎoshī kàn lái, měi yígè xuéshēng dōu yǒu zìjǐ de yōudiǎn.

선생님이 보기에 학생들마다 모두 각자의 장점을 가지고 있어요.

32. 宾语的语义类型1
32. 목적어의 의미 유형 1

（1）施事宾语

(1) 시사목적어

家里来了一位客人。

Jiālǐ láile yí wèi kèrén.

집에 손님 한 분이 오셨어요.

门口站着一个人。

Ménkǒu zhànzhe yígè rén.

입구에 사람이 한 명 서 있어요.

台上坐着很多领导。

Tái shàng zuòzhe hěnduō lǐngdǎo.

단상에는 많은 지도자들이 앉아 있어요.

（2）受事宾语

(2) 수사목적어

你们要认真对待这个考试。

Nǐmen yào rènzhēn duìdài zhège kǎoshì.

당신들은 이 시험을 진지하게 대해야 해요.

我们要去超市采购一批食品。

Wǒmen yào qù chāoshì cǎigòu yī pī shípǐn.

우리는 슈퍼마켓에 가서 식품을 사려고 해요.

33. 多项状语
33. 부사어

他昨天在教室里认真地写完了作业。

Tā zuótiān zài jiàoshì lǐ rènzhēn de xiě wánle zuòyè.

그는 어제 교실에서 열심히 숙제를 다 했어요.

她为了通过考试昨天在家复习了一整天。

Tā wèile tōngguò kǎoshì zuótiān zàijiā fùxíle yì zhěng tiān.

그녀는 어제 집에서 시험을 통과하기 위해 하루 종일 공부했어요.

我前天在路上意外地碰见了多年没见的老朋友。

Wǒ qiántiān zài lùshàng yìwài de pèngjiànle duōnián méi jiàn de lǎo péngyǒu.

저는 그저께 길에서 뜻밖에 오랫동안 보지 못했던 옛 친구를 만났어요.

我们下午在教室里都非常认真地对昨天的报告进行了讨论。

Wǒmen xiàwǔ zài jiàoshì lǐ dōu fēicháng rènzhēn de duì zuótiān de bàogào jìnxíngle tǎolùn.

우리는 오후에 교실에서 모두 진지하게 어제의 리포트에 대해 토론하였어요.

34.趋向补语 4
表示时间意义(引申用法)

34. 방향보어 4
시간적인 의미를 나타낸다(파생용법).

(1)表示动作行为的开始：动词+上/起来

(1) 행동의 시작을 나타낸다: 동사+上/起来

这孩子又玩儿上游戏了。

Zhè háizi yòu wán er shàng yóuxìle.

이 아이는 또 다시 게임을 하기 시작했어요.

他大声地哭起来了。

Tā dàshēng de kū qǐláile.

그는 큰소리로 울기 시작했어요.

这项工作上个月就干起来了。

Zhè xiàng gōngzuò shàng gè yuè jiù gàn qǐláile.

이 일은 지난달에 하기 시작했어요.

(2)表示动作行为的持续：动词+下去/下来

(2) 행동이 계속됨을 나타낸다: 동사+下去/下来

别紧张，你说下去。

Bié jǐnzhāng, nǐ shuō xiàqù.

긴장하지 말고 계속 말해 봐요.

你这样坚持下去一定能成功。

Nǐ zhèyàng jiānchí xiàqù yídìng néng chénggōng.

당신이 이렇게 계속 버틴다면 반드시 성공할 거예요.

你的中文说得不错，我建议你继续学下去。

Nǐ de zhōngwén shuō de búcuò, wǒ jiànyì nǐ jìxù xué xià qù.

당신은 중국어를 잘 하니, 계속 배우시기를 건의해요.

在这三年里，我把每天锻炼一个小时的习惯保持下来了。

Zài zhè sān nián lǐ, wǒ bǎ měitiān duànliàn yígè xiǎoshí de xíguàn bǎochí xiàláile.

지난 3년 동안 저는 매일 한 시간씩 운동하는 습관을 유지했어요.

35.可能补语2：动词+得/不得

35. 가능보어 2: 동사+得/不得

这种药吃得还是吃不得，得听医生的。

Zhè zhǒng yào chī dé háishì chī bùdé, děi tīng yīshēng de.

이 약은 먹을 수 있는지, 아니면 먹을 수 없는지 의사의 말을 들어야 해요.

这些东西你可拿不得，很危险的。

Zhèxiē dōngxī nǐ kě ná bùdé, hěn wéixiǎn de.

당신이 이 물건들을 가지고 있으면 안 돼요. 매우 위험해요.

这种没有原则的话可说不得。

Zhè zhǒng méiyǒu yuánzé dehuà kě shuōbùdé.

이런 원칙 없는 말은 하면 안 돼요.

36.程度补语2
36. 정도보어 2

（1）形容词/心理动词+得+不得了/慌/厉害

(1) 형용사/심리 동사+得+不得了/慌/厉害

爸爸答应去公园，儿子开心得不得了。

Bàba dāyìng qù gōngyuán, érzi kāixīn de bùdéliǎo.

아버지가 공원에 가기로 약속하자 아들은 매우 즐거워했어요.

我只是累得慌，休息休息就好了。

Wǒ zhǐshì lèi de huāng, xiūxī xiūxī jiù hǎole.

저는 단지 너무 피곤할 뿐이에요. 좀 쉬면 괜찮을 거예요.

听说要打针,,她害怕得厉害。

Tīng shuō yào dǎzhēn,, tā hàipà de lìhài.

주사를 맞아야 한다는 말을 듣고 그녀는 몹시 무서워했어요.

（2）*动词/形容词+坏/透+了*

(2) 동사/ 형용사/+坏/透+了

这么晚了孩子还没回家，张老师担心坏了。

Zhème wǎnle hái zi hái méi huí jiā, zhāng lǎoshī dānxīn huàile.

이렇게 늦도록 아이가 아직 집에 돌아오지 않자 장 선생님은 너무 걱정되었어요.

这件事已经伤透了她的心，大家不要再提起。

Zhè jiàn shì yǐjīng shāng tòule tā de xīn, dàjiā búyào zài tíqǐ.

이 일은 이미 그녀의 마음을 다 다치게 했으니 다시 거론하지 마세요.

第一次被别人拒绝，我心情坏透了。

Dì yī cì bèi biérén jùjué, wǒ xīnqíng huài tòule.

처음으로 다른 사람에게 거절당했을 때 저는 기분이 아주 나빴어요.

37.状态补语2: *动词/形容词+得+短语*

37. 상태보어 2: 동사/형용사+得+구

（1）*动词/形容词+得+动词短语*

(1) 동사/형용사+得+동사구

他难过得吃不下饭。

Tā nánguò de chī bú xiàfàn.

그는 괴로워서 밥을 먹지 못해요.

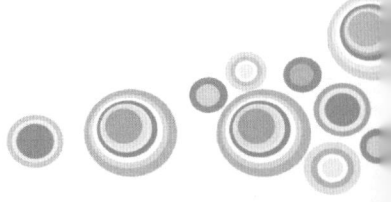

她气得说不出话来。

Tā qì de shuō bu chū huà lái.

그녀는 너무 화나서 말을 할 수 없어요.

她伤心得哭了起来。

Tā shāngxīn de kūle qǐlái.

그녀는 상심하여 울기 시작했어요.

（2）动词/形容词+ 得 +主谓短语

(2) 동사/형용사+得+술어구

我早上没吃饭，饿得肚子疼。

Wǒ zǎoshang méi chīfàn, è de dùzi téng.

저는 아침에 밥을 먹지 않아서 배가 아플 정도로 배가 고파요.

房间里热得人头疼。

Fángjiān lǐ rè de rén tóuténg.

방안이 더워서 머리가 아파요.

孩子得了冠军，父母乐得嘴都合不上了。

Háizi déle guànjūn, fùmǔ lède zuǐ dōuhé bu shàngle.

아이가 우승을 하자 부모는 기뻐서 입을 다물지 못했어요.

38."有"字句 3
38. '有'자문 3

(1) 表示存在、具有：主语+有+着+宾语

(1) 존재, 가짐을 나타낸다: 주어+有+着+목적어

两个国家之间有着长期的友好关系。

Liǎng gè guójiā zhī jiān yǒuzhe chángqī de yǒuhǎo guānxì.

두 나라는 장기적인 우호 관계를 가지고 있어요.

他们之间有着很深的误会。

Tāmen zhī jiān yǒuzhe hěn shēn de wùhuì.

그들 사이에는 아주 깊은 오해가 있어요.

(2) 表示附着：主语+动词+有+宾语

(2) 부착을 나타낸다: 주어+동사++有+목적어

书上写有他的名字。

Shū shàng xiě yǒu tā de míngzi.

책에 그의 이름이 쓰여 있어요.

这双筷子上刻有漂亮的图案。

Zhè shuāng kuàizi shàng kè yǒu piàoliang de tú'àn.

이 젓가락에는 아름다운 도안이 새겨져 있어요.

发票上列有商品的名称。

Fāpiào shàng liè yǒu shāngpǐn de míngchēng.

송장에 상품의 이름이 열거되어 있어요.

39. "把"字句 3: 表处置

39. '把'자문 3: 처리를 나타낸다.

（1）主语+把+宾语+状语+动词

(1) 주어+把+목적어+부사어+동사

他总是把东西到处乱扔。

Tā zǒng shì bǎ dōngxī dàochù luàn rēng.

그는 항상 물건을 아무 데나 굴려요.

下雨了，她赶紧把外面的东西往回收。

Xià yǔle, tā gǎnjǐn bǎ wàimiàn de dōngxī wǎng huíshōu.

비가 오자 그녀는 서둘러 밖에 있는 물건들을 안으로 들였어요.

（2）主语+把+宾语+一+动词

(2) 주어+把+목적어+一+동사

她把东西一放，转身就走了。

Tā bǎ dōngxī yí fàng, zhuǎnshēn jiù zǒule.

그녀는 물건을 놓자마자 몸을 돌려 가버렸어요.

老师把门一关，开始上课了。

Lǎoshī bǎmén yì guān, kāishǐ shàngkèle.

선생님은 문을 잠그고 수업을 시작했어요.

(3) 主语+把+宾语+动词+了

(3) 주어+把+목적어+동사+了

你怎么把这件事忘了?

Nǐ zěnme bǎ zhè jiàn shì wàngle?

당신은 어째서 이 일을 잊었나요?

双方把合同签了。

Shuāngfāng bǎ hétóng qiānle.

쌍방이 계약을 체결하였어요.

(4) 主语+把+宾语1+动词+宾语2

(4) 주어+把+목적어 1+동사+목적어 2

他把身上的钱交学费了。

Tā bǎ shēnshang de qián jiāo xuéfèile.

그는 가진 돈으로 학비를 냈어요.

我把父母的存款买了房。

Wǒ bǎ fùmǔ de cúnkuǎn mǎile fáng.

저는 부모님이 저축한 돈으로 집을 장만했어요.

40. 被动句 3: 意念被动句
40. 피동문 3: 의념 피동문

例子	拼音	韩语
蛋糕吃光了。	Dàngāo chī guāngle.	케이크가 다 떨어졌어요.
衣服穿破了。	Yīfu chuān pòle.	옷을 오래 입어서 옷이 해어졌어요.
车票卖完了。	Chēpiào mài wánle.	차표가 매진됐어요.

41.连动句 3: 前后两个动词性词语具有因果、转折、条件关系

41. 연동문 3: 앞뒤 두 개의 동사 역할을 하는 단어는 인과, 전환, 조건 관계를 가지고 있다.

例子	拼音	韩语
李老师生病住院了。	Lǐ lǎoshī shēngbìng zhùyuànle.	이 선생님께서 병이 나서 입원하셨어요.
这本书她借了没看。	Zhè běn shū tā jièle méi kàn.	그녀는 이 책을 빌려서 보지 않았어요.
她有办法解决问题。	Tā yǒu bànfǎ jiějué wèntí.	그녀에게는 문제를 해결할 방법이 있어요.

42.兼语句 3

42. 겸어문 3

表致使: 主语+叫/令/使/让+人称代词+动词短语

초래함을 나타낸다: 주어+叫/令/使/让+인칭대명사+동사구

老师叫她早点儿回去。

Lǎoshī jiào tā zǎodiǎn er huíqù.

선생님께서 그녀에게 일찍 돌아가라고 하셨어요.

这件事令她吃不下饭。

Zhè jiàn shì lìng tā chī bú xiàfàn.

이 일은 그녀가 밥을 먹을 수 없게 해요.

他的做法使大家再也不敢相信他了。

Tā de zuòfǎ shǐ dàjiā zài yě bù gǎn xiāngxìn tā le.

그의 방법은 모두가 다시는 그를 믿지 못하게 했어요.

明天的考试让我睡不着觉。

Míngtiān de kǎoshì ràng wǒ shuì bùzháo jiào.

내일 있을 시험 때문에 잠을 못 자겠어요.

43. 比较句 5
43. 비교문 5

（1） 跟……相比

(1) …에 비하여

跟上次考试相比，这次没有那么难。

Gēn shàng cì kǎoshì xiāng bǐ, zhè cì méiyǒu nàme nán.

지난번 시험에 비하면 이번 시험은 그다지 어렵지 않았어요.

跟别人相比，我的想法太简单了。

Gēn biérén xiāng bǐ, wǒ de xiǎngfǎ tài jiǎndānle.

다른 사람에 비해 제 생각은 아주 간단해요.

跟语法知识相比，我觉得语音知识更难。

Gēn yǔfǎ zhīshì xiāng bǐ, wǒ juéde yǔyīn zhīshì gèng nán.

저는 문법 지식보다 구어 지식이 더 어려워요.

（2） A +形容词+ B +数量补语

(2) A +형용사+ B +수량보어

例子	拼音	韩语
她高我五厘米。	Tā gāo wǒ wǔ límǐ.	그녀의 키는 저보다 5센티미터 커요.
他早我十分钟。	Tā zǎo wǒ shí fēnzhōng.	그는 저보다 10분 빨라요.
姐姐大我十岁。	Jiějiě dà wǒ shí suì.	언니는 저보다 10살 많아요.

44. 或是……, 或是……
44. ...이거나 (혹은) ...이다.

这件事或是哥哥做的, 或是弟弟做的。

Zhè jiàn shì huò shì gēgē zuò de, huò shì dìdì zuò de.

이 일은 형이 했거나 혹은 동생이 했어요.

你或是参加这次考试, 或是明年再学一遍这门课。

Nǐ huò shì cānjiā zhè cì kǎoshì, huò shì míngnián zài xué yíbiàn zhè mén kè.

당신은 이번 시험에 참가하든지 아니면 내년에 이 과목을 다시 배우든지 하세요.

45. 尽管……, 但是/可是
45. 비록 ...라 하더라도.

尽管这次考试很难, 但是很多人都通过了。

Jǐnguǎn zhè cì kǎoshì hěn nán, dànshì hěnduō rén dōu tōngguòle.

이번 시험은 어려웠는데도 많은 사람이 합격하였어요.

尽管外面在下雨, 可是他一定要去超市买东西。

Jǐnguǎn wàimiàn zàixià yǔ, kěshì tā yídìng yào qù chāoshì mǎi dōngxī.

비록 밖에 비가 오지만 그는 꼭 슈퍼마켓에 가서 물건을 사요.

尽管他不接受我的意见, 可是我有意见还是要向他提。

Jǐnguǎn tā bù jiēshòu wǒ de yìjiàn, kěshì wǒ yǒu yìjiàn háishì yào xiàng tā tí.

비록 그가 제 의견을 받아들이지 않는다 하더라도 의견이 있으면 저는 그에게 제시할 거예요.

46. 一旦……，就……
46. 일단/ 만약

一旦考试不及格，我就要延期毕业了。

Yídàn kǎoshì bù jígé, wǒ jiù yào yánqī bìyèle.

일단 시험에 합격하지 못하면 저는 졸업을 연기할 거예요.

一旦地铁建成，堵车的情况就可大大缓解。

Yídàn dìtiě jiànchéng, dǔchē de qíngkuàng jiù kě dàdà huǎnjiě.

일단 지하철이 건설된다면 교통 체증 상황이 크게 완화될 거예요.

中文一旦学起来，就再也放不下了。

Zhōngwén yídàn xué qǐlái, jiù zài yě fàng búxiàle.

중국어는 일단 배우기 시작하면, 더 이상 놓아둘 수 없어요.

47. 要是……，（就）……，否则……
47. 만약 …하면…, 그렇지 않으면…

要是他不去，我也不去了，否则我一个人去太危险了。

Yàoshi tā bú qù, wǒ yě bú qùle, fǒuzé wǒ yígè rén qù tài wéixiǎnle.

만약 그가 가지 않는다면 저도 가지 않을 거예요. 그렇지 않으면 저 혼자 가는 것은 매우 위험해요.

要是明天下雨，我们就不去爬山了，否则会冻感冒的。

Yàoshi míngtiān xià yǔ, wǒmen jiù bú qù páshānle, fǒuzé huì dòng gǎnmào de.

만약 내일 비가 온다면 우리는 등산하러 가지 않을 거예요. 그렇지 않으면 추워서 감기에 걸릴 거예요.

要是你不带包,我就带一个,否则买的东西没地方放。

Yàoshi nǐ bú dài bāo, wǒ jiù dài yígè, fǒuzé mǎi de dōngxī méi dìfāng fàng.

만약 당신이 가방을 안 가져가면 제가 하나 가져갈게요. 그렇지 않으면 산 물건을 놓을 데가 없어요.

48.除非……,才……
48. 오직 ...하여야

除非你答应我,我才和你一起去。

Chúfēi nǐ dāyìng wǒ, wǒ cái hé nǐ yìqǐ qù.

당신이 승낙해야만 저는 당신과 함께 갈 수 있어요.

除非你努力学习,才有可能考上大学。

Chúfēi nǐ nǔlì xuéxí, cái yǒu kěnéng kǎo shàng dàxué.

당신이 열심히 공부해야만 비로소 대학에 합격할 가능성이 있어요.

除非心情好,他才会答应我们的要求。

Chúfēi xīnqíng hǎo, tā cái huì dāyìng wǒmen de yāoqiú.

그는 기분이 좋아야만 우리의 요구에 응할 거예요.

49. 除非……，否则/不然……
49. 다만 ...해야만 한다, 그렇지 않으면 ...하다.

除非坐飞机去，否则肯定来不及了。

Chúfēi zuò fēijī qù, fǒuzé kěndìng láibùjíle.

비행기를 타고 가지 않으면 틀림없이 늦을 거예요.

除非你仔细检查，不然太容易出错了。

Chúfēi nǐ zǐxì jiǎnchá, bùrán tài róngyì chūcuòle.

당신은 자세히 검사해야 해요. 그렇지 않으면 쉽게 실수할 수 있어요.

50．……，因而……
50. ..., 그래서...

他生病了，因而没来上课。

Tā shēngbìngle, yīn'ér méi lái shàngkè.

그는 병이 나서 수업에 오지 않았어요.

她按时完成了任务，因而受到公司的奖励。

Tā ànshí wánchéngle rènwù, yīn'ér shòudào gōngsī de jiǎnglì.

그녀는 제때에 임무를 완수해서 회사의 표창을 받았어요.

这次考试太难了，因而很多学生都没有通过。

Zhè cì kǎoshì tài nánle, yīn'ér hěnduō xuéshēng dōu méiyǒu tōngguò.

이번 시험은 너무 어려워서 많은 학생이 통과하지 못했어요.

51. 即使……，也……

51. 설사 ...하더라도 ...하겠다.

即使天气不好，爬长城的人也不会少。

Jíshǐ tiānqì bù hǎo, pá chángchéng de rén yě bú huì shǎo.

설사 날씨가 좋지 않더라도 만리장성을 오르는 사람은 적지 않을 거예요.

他即使生病了，也坚持工作。

Tā jíshǐ shēngbìngle, yě jiānchí gōngzuò.

그는 비록 병이 나더라도 끝까지 일할 거예요.

我即使睡得再晚，早上六点也准醒。

Wǒ jíshǐ shuì de zài wǎn, zǎoshàng liù diǎn yě zhǔn xǐng.

저는 아무리 늦게 자도 아침 6시면 반드시 일어나요.

52. ……，为的是……

52. ...를 위해서다.

我把车停在外面，为的是走的时候方便。

Wǒ bǎ chē tíng zài wàimiàn, wèi de shì zǒu de shíhòu fāngbiàn.

저는 밖에 차를 세워 놓았는데, 떠날 때 편리하도록 하기 위해서예요.

她给你发这个信息，为的是提醒你注意安全。

Tā gěi nǐ fā zhège xìnxī, wèi de shì tíxǐng nǐ zhùyì ānquán.

그녀가 당신에게 이 메시지를 보낸 것은 당신에게 안전에 주의하라고 일깨워 주기 위해서예요.

老师这节课什么也没讲，为的是让我们有时间多练习口语。

Lǎoshī zhè jié kè shénme yě méi jiǎng, wèi de shì ràng wǒmen yǒu shíjiān duō liànxí kǒuyǔ.

선생님께서 이번 수업 시간에 아무것도 강의하지 않았는데, 우리가 말하기 연습을 많이 하도록 하기 위해서예요.

53. ……，以便……
53. (하기에 편리)하도록.

我们要早一点儿出门，以便乘坐第一班公交车。

Wǒmen yào zǎo yīdiǎn er chūmén, yǐbiàn chéngzuò dì yī bān gōngjiāo chē.

우리는 첫 버스를 타기 위해서 조금 일찍 나가야 했어요.

她每天步行上班，以便锻炼身体。

Tā měitiān bùxíng shàngbān, yǐbiàn duànliàn shēntǐ.

그녀는 신체를 단련할 수 있도록 매일 걸어서 출근해요.

把手机号留下吧，以便跟你联系。

Bǎ shǒujī hào liú xià ba, yǐbiàn gēn nǐ liánxì.

당신과 연락할 수 있도록 핸드폰 번호를 남겨 두세요.

54. 没有……就没有……
54. …없다면 …없다.

没有你的帮助就没有我的成功。

Méiyǒu nǐ de bāngzhù jiù méiyǒu wǒ de chénggōng.

당신의 도움이 없었다면 제 성공도 없었을 거예요.

没有水就没有生命的存在。

Méiyǒu shuǐ jiù méiyǒu shēngmìng de cúnzài.

물이 없다면 생명도 존재할 수 없어요.

没有平时的努力就没有今天的成绩。

Méiyǒu píngshí de nǔlì jiù méiyǒu jīntiān de chéngjī.

평소의 노력이 없었다면 오늘의 성적도 없어요.

55. 再……也

55. 설사 ...하더라도

这件事再难也要坚持下去。

Zhè jiàn shì zài nán yě yào jiānchí xiàqù.

이 일이 아무리 어려워도 버텨내야 해요.

雨下得再大我也要去上班。

Yǔ xià de zài dà wǒ yě yào qù shàngbān.

비가 아무리 많이 와도 저는 출근해야 해요.

这篇课文再长也要读完。

Zhè piān kèwén zài cháng yě yào dú wán.

이 본문이 아무리 길어도 다 읽어야 해요.

56. 二重复句 1：单句+复句；复句+单句

56. 이중복문 1: 단문+복문; 복문+복문

我决定去中国留学，即使中文再难我也要去学。

Wǒ juédìng qù zhōngguó liúxué, jíshǐ zhōngwén zài nán wǒ yě yào qù xué.

저는 중국에 유학을 가기로 결정했어요. 중국어가 아무리 어려워도 배울 거예요.

因为生病所以我没去上课，没想到的是老师一下课就来看我了。

Yīn wéi shēngbìng suǒyǐ wǒ méi qù shàngkè, méi xiǎngdào de shì lǎoshī yí xiàkè jiùlái kàn wǒle.

병이 나서 저는 수업에 가지 않았어요. 뜻밖에도 선생님께서 수업이 끝나자마자 저를 보러 오셨어요.

她一直不愿意说出真相，虽然我不知道她的真实想法，但我尊重她的选择。

Tā yìzhí bú yuànyì shuō chū zhēnxiàng, suīrán wǒ bù zhīdào tā de zhēnshí xiǎngfǎ, dàn wǒ zūnzhòng tā de xuǎnzé.

그녀는 줄곧 진실을 말하지 않았어요. 비록 저는 그녀의 진실한 생각을 모르지만 저는 그녀의 선택을 존중해요.

57. 用"再也不/没"表示强调
57. '再也不/没'로 강조를 나타낸다.

从今天开始，我再也不会出这种错了。

Cóng jīntiān kāishǐ, wǒ zài yě bú huì chū zhè zhǒng cuòle.

저는 오늘부터 다시는 이런 실수를 안 하도록 하겠어요.

他再也没跟我联系过。

Tā zài yě méi gēn wǒ liánxìguò.

그는 다시는 저와 연락하지 않았어요.

我再也没见过她。

Wǒ zài yě méi jiàn guò tā.

저는 그녀를 다시는 만나지 못했어요.

58. 用副词"可"表示强调
58. 부사 '可' 로 강조를 나타낸다.

你可来了，急死我了！

Nǐ kě láile, jísǐ wǒle!

당신이 드디어 왔어요. 급해 죽겠어요!

你可得注意身体呀，天天睡眠不足可不行！

Nǐ kě děi zhùyì shēntǐ ya, tiāntiān shuìmián bùzú kě bùxíng!

당신은 건강에 주의해야 해요. 매일 잠이 부족하면 안 돼요!

你可不能让大家失望！

Nǐ kě bùnéng ràng dàjiā shīwàng!

당신은 모두를 실망시켜서는 안 돼요!

59. 用"怎么都/也+不/没"表示强调
59. '怎么都/也+不/没' 로 강조를 나타낸다.

她怎么都没想到自己会失败。

Tā zěnme dōu méi xiǎngdào zìjǐ huì shībài.

그녀는 자신이 실패할 거라고 전혀 생각하지 못했어요.

他怎么也不会猜到谁要来看望他。

Tā zěnme yě bú huì cāi dào shéi yào lái kànwàng tā.

그는 누가 자기를 보러 오려고 하는지 도저히 알아맞힐 수가 없었어요.

他的话我怎么都听不懂。

Tā dehuà wǒ zěnme dōu tīng bù dǒng.

아무리 노력해도 저는 그의 말을 알아들을 수가 없어요.

昨天晚上我怎么也睡不着。

Zuótiān wǎnshàng wǒ zěnme yě shuì bùzháo.

어젯밤 저는 어떻게 해도 잠을 이룰 수 없었어요.

60. X 也不是，Y 也不是

60. X도 안 되고, Y도 안 되다.

他这样开玩笑，气得我哭也不是，笑也不是。

Tā zhèyàng kāiwánxiào, qì de wǒ kū yě búshì, xiào yě búshì.

그가 이렇게 농담을 하니 저는 화가 나서 울 수도 없고 웃을 수도 없었어요.

一看来了这么多人，他紧张得坐也不是，站也不是。

Yí kàn láile zhème duō rén, tā jǐnzhāng de zuò yě búshì, zhàn yě búshì.

이렇게 많은 사람들을 보니, 그는 긴장해서 앉을 수도 없고 설 수도 없었어요.

走也不是，留也不是，真不知道怎么办好。

Zǒu yě búshì, liú yě búshì, zhēn bù zhīdào zěnme bàn hǎo.

가도 안 되고, 남아도 안 되고, 정말 어떻게 해야 좋을지 모르겠어요.

61. X 也 X 不得，Y 也 Y 不得

61. X 지도 Y 지도 못하다.

他腰疼起来的时候站也站不得，坐也坐不得。

Tā yāoténg qǐlái de shíhòu zhàn yě zhàn bùdé, zuò yě zuò bùdé.

그는 허리가 아파서 일어날 때면 서 있지도 앉아 있지도 못해요.

孩子大了，骂也骂不得，打也打不得。

Háizi dàle, mà yě mà bùdé, dǎ yě dǎ bùdé.

아이가 자라면 욕을 해서도 안 되고 때려서도 안 돼요.

这件事愁得他吃也吃不得，睡也睡不得。

Zhè jiàn shì chóu de tā chī yě chī bùdé, shuì yě shuì bùdé.

이 일이 걱정되어 그는 먹지도 자지도 못해요.

62. X 是它, Y 也是它

62. X 는 그것이고 Y 는 그것이다.

好是它，坏也是它，你没有别的选择。

Hǎo shì tā, huài yěshì tā, nǐ méiyǒu bié de xuǎnzé.

좋든 나쁘든 당신에게 다른 선택지는 없어요.

成功是它，失败也是它，这个选择我绝对不后悔。

Chénggōng shì tā, shībài yěshì tā, zhège xuǎnzé wǒ juéduì bú hòuhuǐ.

성공은 그것이고 실패도 그것이에요. 저는 이 선택을 절대 후회하지 않아요.

等一个小时是它，等两个小时也是它，只能坐这一班车回家了。

Děng yígè xiǎoshí shì tā, děng liǎng gè xiǎoshí yěshì tā, zhǐ néng zuò zhè yī bānchē huí jiāle.

한 시간 기다려도 그렇고 두 시간 기다려도 그렇고, 이 차를 타고 집에 갈 수밖에 없어요.

63. X 着也是 X 着

63. 어차피 ...하다.

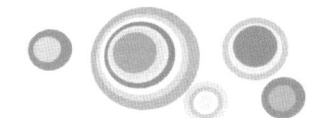

明天我去超市逛逛，反正闲着也是闲着。

Míngtiān wǒ qù chāoshì guàng guàng, fǎnzhèng xiánzhe yěshì xiánzhe.

내일 마트에 쇼핑하러 갈게요. 어차피 아무 일도 없어요.

那些衣服她不喜欢了，放着也是放着，不如送人吧。

Nàxiē yīfu tā bù xǐhuānle, fàngzhe yěshì fàngzhe, bùrú sòng rén ba.

그 옷들은 그녀가 좋아하지 않아서 그냥 놔두고 안 입는다면 다른 사람에게 주는 것이 낫겠어요.

反正等着也是等着，我们不如休息休息吧。

Fǎnzhèng děngzhe yěshì děngzhe, wǒmen bùrú xiūxī xiūxī ba.

어차피 기다리고 있는데, 우리 좀 쉬자.

64. X 归 X, Y 归 Y

64. X는 X이고, Y는 Y이다.

想归想，做归做，结果完全不一样。

Xiǎng guī xiǎng, zuò guī zuò, jiéguǒ wánquán bù yíyàng.

생각은 생각이고 행동은 행동이니, 결과가 완전히 달라져요.

吵归吵，闹归闹，大家还是好朋友。

Chǎo guī chǎo, nào guī nào, dàjiā háishì hǎo péngyǒu.

다툼은 다툼이고, 싸움은 싸움이지, 다들 그래도 좋은 친구예요.

朋友归朋友，生意归生意，不能免费。

Péngyǒu guī péngyǒu, shēngyì guī shēngyì, bùnéng miǎnfèi.

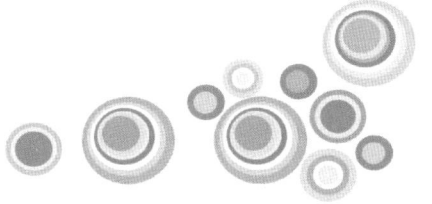

친구는 친구이고, 장사는 장사이니 공짜일 수 없어요.

65. 不管怎么说

65. 어쨌든

不管怎样说，你这么做就是不对的。

Bùguǎn zěnyàng shuō, nǐ zhème zuò jiùshì búduì de.

어쨌든 당신이 이렇게 하는 것은 옳지 않은 거예요.

不管怎样说，这事总算办成了。

Bùguǎn zěnyàng shuō, zhè shì zǒngsuàn bàn chéngle.

어쨌든 이 일은 결국 성사됐어요.

66. 看你 X 的/瞧他 X 的

66. 看你 X 的/瞧他 X 的

看你说的，我哪有那么能干？

Kàn nǐ shuō de, wǒ nǎ yǒu nàme nénggàn?

무슨 소리예요, 제가 어디 그렇게 능력이 있어요?

甲：他说他这次准考第一。

Jiǎ: Tā shuō tā zhè cì zhǔn kǎo dì yī.

가: 그는 이번 시험에서 틀림없이 일등을 할 거라고 말했어요.

乙：瞧他吹的。

Yǐ: Qiáo tā chuī de.

나: 그가 허풍을 떠는 거예요.

67. 真有你/他/她的

67. 참 대단하다.

真有你的！电脑你也会修？

Zhēnyǒu nǐ de! Diànnǎo nǐ yě huì xiū?

당신 참 대단하네요! 컴퓨터도 고칠 줄 알아요?

这么难的事情他都有办法，真有他的！

Zhème nán de shìqíng tā dōu yǒu bànfǎ, zhēnyǒu tā de!

이렇게 어려운 일이더라도 그에게는 방법이 있다니, 정말 대단해요!

68. X 什么 X

68. 뭘 …하다.

看什么看，再看就迟到了！

Kàn shénme kàn, zài kàn jiù chídàole!

뭘 봐요. 더 보면 지각하겠어요!

吃什么吃，再吃就胖死了！

Chī shénme chī, zài chī jiù pàng sǐle!

뭘 먹어요. 더 먹으면 살찌겠어요!

69. 什么 X 不 X (的)

69. 什么 X 不 X (的)

什么钱不钱的，你这话说的太客气了。

Shénme qián bù qián de, nǐ zhè huàshuō de tài kèqìle.

돈이 무슨 문제야, 당신이 이렇게 말하는 것은 아주 겸손해요.

什么麻烦不麻烦，我们之间不用这么客气。

Shénme máfan bù máfan, wǒmen zhī jiān búyòng zhème kèqì.

뭐가 귀찮아요. 우리 사이에 이렇게 예의를 차릴 필요는 없어요.

什么合适不合适的，衣服能穿就行。

Shénme héshì bù héshì de, yīfu néng chuān jiùxíng.

어울리는지 중요하지 않아요, 옷을 입을 수만 있으면 돼요.

70. 用代词复指

70. 대명사로 다시 가리킨다.

(1) 用人称代词复指

(1) 인칭대명사로 다시 가리킨다.

这个小伙子是我们学校的英国留学生。他来中国之前，在英国学过一点儿中文，他觉得中文很有意思。
去年公司派他来中国学习中文，现在还想让他留在中国工作。

Zhège xiǎohuǒzi shì wǒmen xuéxiào de yīngguó liúxuéshēng. Tā lái zhōngguó zhīqián, zài yīngguó xuéguò yīdiǎn er zhōngwén, tā juéde zhōngwén hěn yǒuyìsi. Qùnián gōngsī pài tā lái zhōngguó xuéxí zhōngwén, xiànzài hái xiǎng ràng tā liú zài zhōngguó gōngzuò.

이 젊은이는 우리 학교의 영국 유학생이에요. 그는 중국에 오기 전에 영국에서 중국어를 조금 배웠는데 중국어가 정말 재미있다고 생각했어요. 작년에 회사는 그를 중국에 파견하였는데 그는 중국어를 배우고 지금도 중국에서 일할 생각이에요.

网络对我们的生活越来越重要。它随时告诉我们每天世界各地发生的新闻，很多人不出门就能通过它买东西、跟朋友交流，它让生活变得越来越方便。

Wǎngluò duì wǒmen de shēnghuó yuè lái yuè zhòngyào. Tā suíshí gàosù wǒmen měitiān shìjiè gèdì fāshēng de xīnwén, hěnduō rén bù chūmén jiù néng tōngguò tā mǎi dōngxī, gēn péngyǒu jiāoliú, tā ràng shēnghuó biàn de yuè lái yuè fāngbiàn.

인터넷은 우리 생활에서 점점 더 중요해지고 있어요. 그는 수시로 우리에게 세계 각지에서 매일 발생하는 뉴스를 알려주며, 많은 사람들이 집을 나가지 않고도 물건을 사고 친구들과 교류할 수 있게 하여 생활을 더욱 편리하게 해 주고 있어요.

（2）用指示代词登指
(2) 지시대명사로 다시 가리킨다.

中国的南方人喜欢喝一种酒。这种酒是用米做的，味道甜甜的，大人小孩儿都能喝。这也是北方人去南方旅行之后喜欢买的东西之一。

Zhōngguó de nánfāng rén xǐhuān hē yī zhǒng jiǔ. Zhè zhǒng jiǔ shì yòng mǐ zuò de, wèidào tián tián de, dàrén xiǎo hái'ér dōu néng hē. Zhè yěshì běifāng rén qù nánfāng lǚxíng zhīhòu xǐhuān mǎi de dōngxī zhī yī.

중국의 남방사람들은 특정한 한 종류의 술을 아주 좋아해요. 이 술은 쌀로 만드는데 단 맛이 나서 어른이나 아이도 다 마실 수 있어요. 이것은 북방 사람들이 남방으로 여행을 가면 즐겨 사는 물건 중 하나예요.

我的家乡在中国的南方。那是一个小城市，景色很漂亮，很适合旅游。我在那儿出生、长大，一直到十六岁才离开。那也是我最喜欢的城市。

Wǒ de jiāxiāng zài zhōngguó de nánfāng. Nà shì yígè xiǎo chéngshì, jǐngsè hěn piàoliang, hěn shìhé lǚyóu. Wǒ zài nà'er chūshēng, zhǎng dà, yīzhí dào shíliù suì cái líkāi. Nà yěshì wǒ zuì xǐhuān de chéngshì.

제 고향은 중국의 남쪽에 있어요. 그곳은 작은 도시인데 경치가 아름다워서 여행하기에 아주 적합해요. 저는 그곳에서 태어나고 자라서 열여섯 살이 되어서야 떠났어요. 그곳은 제가 가장 좋아하는 도시이기도 해요.

（3）各种代词相间使用

(3) 각종 대명사가 뒤섞여 사용된다.

《现代汉语词典》一书是中国语言研究人员多年的成果，2016年9月出版了第7版。这不仅是全世界华人学习现代汉语最重要的词典之一，同时也被称为世界上许多国家和地区的人们研究和学习中文的"标准"。至今，《现代汉语词典》除了中国版以外，还拥有多个国外版。它的出版，对促进国内外学术交流和合作起到了积极的作用。

"Xiàndài hànyǔ cídiǎn" yì shū shì zhōngguó yǔyán yánjiū rényuán duōnián de chéngguǒ,2016 nián 9 yuè chūbǎnle dì 7 bǎn. Zhè bùjǐn shì quán shìjiè huárén xuéxí xiàndài hànyǔ zuì zhòngyào de cídiǎn zhī yī, tóngshí yě bèi chēng wéi shìjiè shàng xǔduō guójiā hé dìqū de rénmen yánjiū hé xuéxí zhōngwén de "biāozhǔn". Zhìjīn,"xiàndài hànyǔ cídiǎn" chúle zhōngguó bǎn yǐwài, hái yōngyǒu duō gè guówài bǎn. Tā de chūbǎn, duì cùjìn guónèi wài xuéshù jiāoliú hé hézuò qǐ dàole jījí de zuòyòng.

「현대한어사전」은 중국언어 연구자들의 다년간의 성과로서 2016년 9월에 제7판을 출판했어요. 이는 전세계 중국인들이 현대 한어를 학습하는 가장 중요한 사전 중의 하나일 뿐만 아니라 세계 많은 나라와 지역의 사람들이 중국어를 연구하고 학습하는 '표준'으로 불리고 있어요. 「현대한어사전」은 현재 중국판 외에도 여러 개의 외국판을 보유하고 있어요. 이 책의 출판은 국내외 학술 교류와 합작을 촉진하는 데서

적극적인 역할을 했어요.

71.带省略成分

71. 생략 성분을 띤다.

(1) 省略主语

(1) 주어를 생략한다.

（我）决定出国留学，我不得不和父母告别，想到以后再也没有人保护我、关心我，（我）心里有些担心。离开家乡的那一天，亲人们都来机场送我，（我）带着他们的祝福和希望，我登上了前往北京的航班，开始了我的留学生活。

(Wǒ) juédìng chūguó liúxué, wǒ bùdé bù hé fùmǔ gàobié, xiǎngdào yǐhòu zài yě méiyǒu rén bǎohù wǒ, guānxīn wǒ,(wǒ) xīn lǐ yǒuxiē dānxīn. Líkāi jiāxiāng de nà yìtiān, qīnrénmen dōu lái jīchǎng sòng wǒ,(wǒ) dàizhe tāmen de zhùfú hé xīwàng, wǒ dēng shàngle qiánwǎng běijīng de hángbān, kāishǐle wǒ de liúxué shēnghuó.

(저는) 출국 유학을 결정한 후 부모님과 작별할 수밖에 없었어요. 이후에 더 이상 저를 보호해 주고 관심을 가져주는 사람이 없다고 생각하면, (저는) 마음속으로 걱정이 됐어요. 고향을 떠나는 날, 친지들이 모두 공항에 나와 저를 배웅했어요. (저는) 그들의 축복과 희망을 안고 북경으로 가는 비행기에 올라 유학생활을 시작했어요.

（2）省略宾语

(2) 목적어를 생략한다.

世界上任何事物都永远在运动、变化、发展，语言也是。语言的变化，包括语音、词汇和语法，短时间内不容易发现（这些变化），日子长了就表现出来了。

Shìjiè shàng rènhé shìwù dōu yǒngyuǎn zài yùndòng, biànhuà, fāzhǎn, yǔyán yěshì. Yǔyán de biànhuà, bāokuò yǔyīn,

cíhuì hé yǔfǎ, duǎn shíjiān nèi bù róngyì fāxiàn (zhèxiē biànhuà), rìzi chángle jiù biǎoxiàn chūláile.

세상의 모든 사물은 영원히 이동, 변화, 발전하고 있으며, 언어 역시 그래요. 음성, 어휘, 문법을 포함한 언어의 변화는 짧은 시간 내에서는 (이런 변화들을) 쉽게 발견되지 않지만 시간이 지나면 나타나요.

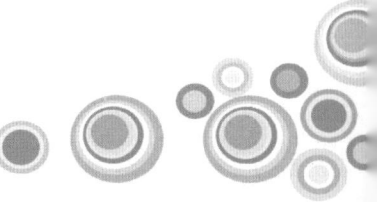

HSK 6급 문법

01. 超-、多-、反-、无-、亚-、准-

1. 초-, 다-, 반-, 무-, 아-, 준-

例子	拼音	韩语
超自然	Chāozìrán	초자연
多角度	duō jiǎodù	다각도
反作用	fǎnzuòyòng	반작용
无烟	wú yān	무연
亚健康	yà jiànkāng	서브 헬스
准妈妈	zhǔn māmā	예비 엄마

02. -化、-式、-型、-性

2. -화, -식, -형, -성

例子	拼音	韩语
现代化	Xiàndàihuà	현대화
美式	měishì	미국식
小型	xiǎoxíng	소형
普遍性	pǔbiàn xìng	보편성

03. 指示代词: 本、此

3. 지시대명사: 본, 이

例子	拼音	韩语
本市	Běn shì	본시 (이 도시)
本人	běnrén	본인
此事	cǐ shì	이 일
此处	cǐ chù	이곳

04. 名量词: 餐、串、滴、副、股、集、枝

4. 명량사: 끼, 송이, 방울, 짝, 줄기, 회, 송이

例子	拼音	韩语
一餐饭	Yì cān fàn	밥 한 끼
一串葡萄	yí chuàn pútáo	포도 한 송이
一滴水	yì dīshuǐ	물 한 방울
一副球拍	yí fù qiúpāi	라켓 한 세트
一股力量	yì gǔ lìliàng	힘 한 줄기
一集电视剧	Yì jí diànshìjù	드라마 한 편
一枝花	yìzhī huā	꽃 한 송이

05. 动量词: 番、声、趟

5. 동량사: 차례, 마디, 번

例子	拼音	韩语
讨论一番	Tǎolùn yì fān	한 차례 토론해요.
说一声	shuō yìshēng	한 마디 말해요.

| 跑两趟 | pǎo liǎng tàng | 두 번 뛰어요. |

06. 程度副词: 特、异常

6. 정도부사: 특히, 매우

例子	拼音	韩语
他特高兴，因为他的设计获奖了。	Tā tè gāoxìng, yīnwèi tā de shèjì huòjiǎngle.	그는 자신의 디자인이 상을 받아서 매우 기뻐요.
今天天气异常寒冷。	Jīntiān tiānqì yìcháng hánlěng.	오늘 날씨는 매우 추워요.

07. 范围、协同副词: 尽、净、一齐、一同

7. 범위, 협동부사: 모두, 온통, 함께, 같이

刚上班，分配给我的尽是些基础工作。

Gāng shàngbān, fēnpèi gěi wǒ de jìn shì xiē jīchǔ gōngzuò.

막 출근했을 때 저에게 배당된 것은 모두 기초 업무예요.

这里净是垃圾，都没地方站。

Zhèlǐ jìng shì lājī, dōu méi dìfāng zhàn.

이곳에는 온통 쓰레기들이라 서 있을 곳조차 없어요.

大家一齐动手，清理路上的垃圾。

Dàjiā yì qí dòngshǒu, qīnglǐ lùshàng de lājī.

모두 함께 손으로 길 위의 쓰레기를 치워요.

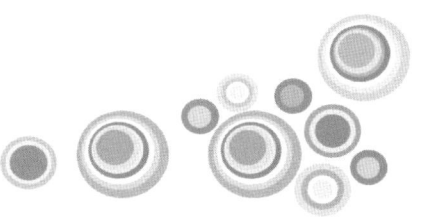

这是我们一同努力的结果。

Zhè shì wǒmen yìtóng nǔlì de jiéguǒ.

이것은 우리 함께 노력한 결실이에요.

08.时间副词: 时时、一时、早晚

8. 시간부사: 늘, 한 번에, 조만간

例子	拼音	韩语
老师时时关注着我们的学习。	Lǎoshī shíshí guānzhùzhe wǒmen de xuéxí.	선생님은 늘 우리의 공부에 관심을 가지고 있어요.
我好像在哪儿见过他，可一时又想不起来了。	Wǒ hǎoxiàng zài nǎ'er jiànguò tā, kě yìshí yòu xiǎng bù qǐláile.	저는 그를 어디선가 본 것 같은데, 한 번에 생각이 나지 않았어요.
他早晚会知道事情的真相。	Tā zǎowǎn huì zhīdào shìqíng de zhēnxiàng.	그는 조만간 사건의 진상을 알게 될 거예요.

09.关联副词: 便

9. 관련부사: ~하자마자

例子	拼音	韩语
他一下课便回家了。	Tā yí xiàkè biàn huí jiāle.	그는 수업이 끝나자마자 집으로 돌아갔어요.
他一毕业便决定回国。	Tā yí bìyè biàn juédìng huíguó.	그는 졸업하자마자 귀국하기로 결정하였어요.

10.方式副词: 不禁、赶忙、亲眼、特地、特意

10. 방식부사: 자기도 모르게, 서둘러, 직접, 일부러

我不禁回忆起第一次跟她见面的场景。

Wǒ bùjīn huíyì qǐ dì yī cì gēn tā jiànmiàn de chǎngjǐng.

저는 자기도 모르게 그녀와 처음 만났던 장면이 떠올랐어요.

要迟到了，他赶忙出门，早饭都没吃。

Yào chídàole, tā gǎnmáng chūmén, zǎofàn dōu méi chī.

그는 늦을 것 같아 아침도 먹지 않고 서둘러 나갔어요.

这件事是我亲眼所见，不会有假。

Zhè jiàn shì shì wǒ qīnyǎn suǒ jiàn, bú huì yǒu jiǎ.

이 일은 제가 직접 본 것으로 거짓이 없을 거예요.

我都准备好了，你不用特地跑来帮我。

Wǒ dōu zhǔnbèi hǎole, nǐ búyòng tèdì pǎo lái bāng wǒ.

저는 준비가 다 됐으니, 일부러 와서 도와줄 필요 없어요.

大卫今天第一天上班，特意穿了双新皮鞋。

Dà wèi jīntiān dì yī tiān shàngbān, tèyì chuānle shuāng xīn píxié.

다윗은 오늘 첫 출근을 해서 특별히 새 구두를 신었어요.

11.情态副词: 仿佛

11. 정태부사: 마치

奶奶仿佛孩子似的开心地笑了。

Nǎinai fǎngfú háizi shì de kāixīn de xiàole.

할머니는 마치 어린아이처럼 환하게 웃으셨어요.

他工作起来仿佛不知道什么是累。

Tā gōngzuò qǐlái fǎngfú bù zhīdào shénme shì lèi.

그는 일을 할 때면 마치 피곤함을 모르는 것 같아요.

12.语气副词：才3、刚好、偏、恰好

12. 어기부사: (이)야말로 3, 마침, 기어코, 딱

我才不要父母的钱呢，我要自己赚钱。

Wǒ cái búyào fùmǔ de qián ne, wǒ yào zìjǐ zhuànqián.

저는 결코 부모님이 주신 돈을 받지 않아요. 저는 스스로 돈을 벌 거예요.

我要出门找他的时候他刚好回来了。

Wǒ yào chūmén zhǎo tā de shíhòu tā gānghǎo huíláile.

제가 그를 찾기 위해 집을 나서려는데 마침 그가 돌아왔어요.

北方的冬天极其寒冷，可他圣诞节偏要去那儿旅行。

Běifāng de dōngtiān jíqí hánlěng, kě tā shèngdàn jié piān yào qù nà'er lǚxíng.

북방의 겨울은 매우 춥지만, 그는 크리스마스에 기어코 그곳으로 여행을 가려고 해요.

哥哥非常粗心，弟弟却恰好相反。

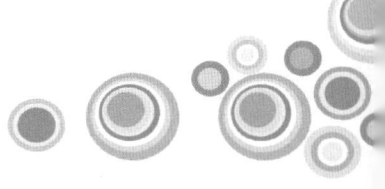

Gēgē fēicháng cūxīn, dìdì què qiàhǎo xiāngfǎn.

형은 무척 덤벙거리는데 동생은 그 반대예요.

13. 于

13. 에

例子	拼音	韩语
他出生于 1995 年。	Tā chūshēng yú 1995 nián.	그는 1995 년에 태어났어요.
大熊猫主要生活于中国西南地区。	Dà xióngmāo zhǔyào shēnghuó yú zhōngguó xīnán dìqū.	판다는 주로 중국 서남지역에서 생활해요.

14. 沿（着）

14. 따라

例子	拼音	韩语
他喜欢沿着湖散步。	Tā xǐhuān yánzhe hú sànbù.	그는 호수를 따라 산책하는 것을 좋아해요.
你沿这条路走，一会儿就到了。	Nǐ yán zhè tiáo lù zǒu, yìhuǐ'er jiù dàole.	이 길을 따라 걸으면 곧 도착할 거예요.
我沿着他指的路，很快找到了他家。	Wǒ yánzhe tā zhǐ de lù, hěn kuài zhǎodàole tā jiā.	저는 그가 가리키는 길을 따라 그의 집을 매우 빨리 찾았어요.

15. 同 1、与 1

15. 와/과 같다 1, 와/과 1

例子	拼音	韩语

| 同你一样，我也是学生。 | Tóng nǐ yíyàng, wǒ yěshì xuéshēng. | 당신과 마찬가지로 저도 학생이에요. |
| 你要与同学搞好关系。 | Nǐ yào yǔ tóngxué gǎo hǎo guānxì. | 당신은 학우들과 관계를 잘 처리해야 해요. |

16. 至于

16. ...에 관해서는

旅行的时间已经定了，至于费用问题，还需要再讨论。

Lǚxíng de shíjiān yǐjīng dìngle, zhìyú fèiyòng wèntí, hái xūyào zài tǎolùn.

여행 기간은 이미 정했는데 비용에 관해서는 좀 더 의논해야 할 것 같아요.

学校决定下个月举行运动会，至于具体时间，请待学校通知。

Xuéxiào juédìng xià gè yuè jǔxíng yùndònghuì, zhìyú jùtǐ shíjiān, qǐng dàixuéxiào tōngzhī.

학교에서 다음 달에 운동회를 열기로 결정했어요. 구체적인 시간에 관해서는 학교의 통지를 기다려 주세요.

超市将于节日期间举行优惠活动，至于详细情况，可上网查查。

Chāoshì jiāng yú jiérì qījiān jǔxíng yōuhuì huódòng, zhìyú xiángxì qíngkuàng, kě shàngwǎng chá chá.

마트에서 명절 기간에 할인 행사를 하는데, 자세한 사항은 인터넷에서 찾을 수 있어요.

17. 因

17. 때문에

| 例子 | 拼音 | 韩语 |

因公司的业务需要,她要去中国出差。	Yīn gōngsī de yèwù xūyào, tā yào qù zhōngguó chūchāi.	그녀는 회사 일 때문에 중국으로 출장을 가야 해요.
昨天她因病请假。	Zuótiān tā yīn bìng qǐngjià.	어제 그녀는 병 때문에 휴가를 신청했어요.
他因出门太晚迟到了。	Tā yīn chūmén tài wǎn chídàole.	그는 너무 늦게 나가서 지각했어요.

18. 除

18. 외에

除他以外，所有人都来了。

Chú tā yǐwài, suǒyǒu rén dōu láile.

그를 제외하고 모든 사람이 다 왔어요.

除这件事以外，其他我都能答应你。

Chú zhè jiàn shì yǐwài, qítā wǒ dōu néng dāyìng nǐ.

이 일 이외의 다른 것은 모두 당신에게 동의할 수 있어요.

除这个箱子以外，没有其他行李了。

Chú zhège xiāng zi yǐwài, méiyǒu qítā xínglǐle.

이 상자 이외의 다른 짐은 없어요.

19. 据

19. 에 따라

据专家介绍，这个信息并不准确。

Jù zhuānjiā jièshào, zhège xìnxī bìng bù zhǔnquè.

전문가의 소개에 따르면 이 정보는 결코 정확하지 않다고 해요.

据统计，大多数家庭有一到两个子女。

Jù tǒngjì, dà duō shù jiātíng yǒuyī dào liǎng gè zǐnǚ.

통계에 따르면 대다수 가정은 자녀가 1~2명이 있어요.

据说，他还没决定放弃。

Jùshuō, tā hái méi juédìng fàngqì.

그는 아직 포기 결정을 하지 않았다고 해요.

20.连接词或词组：而2、同2、与2

20. 접속사나 구: 고 2, 와/과 2, 및 2

例子	拼音	韩语
她善良而乐观。	Tā shànliáng ér lèguān.	그녀는 선량하고 낙관적이에요.
我同他都是新员工。	Wǒ tóng tā dōu shì xīn yuángōng.	그와 저는 모두 신입 사원이에요.
成与不成，都看你的啦!	Chéng yǔ bùchéng, dōu kàn nǐ de la!	되고 안 되는 것은 모두 당신에게 달려 있어요!

21.连接分句或句子：不料、可3、若

21. 단문이나 문장을 연결한다: 뜻밖에, 지만 3. 만약

我今天本想去操场踢足球,不料外面下起雨来。

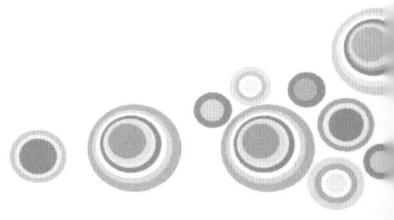

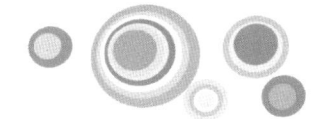

Wǒ jīntiān běn xiǎng qù cāochǎng tī zúqiú, búliào wàimiàn xià qǐ yǔ lái.

저는 오늘 본래 운동장에 가서 축구를 하려고 하였는데, 뜻밖에 밖에 비가 왔어요.

我们约定一起去长城玩儿，可他忘记了。

Wǒmen yuēdìng yìqǐ qù chángchéng wán er, kě tā wàngjìle.

우리는 함께 만리장성에 놀러 가기로 약속했지만 그가 잊어버렸어요.

若这个时间你不方便，我们就换一个。

Ruò zhège shíjiān nǐ bù fāngbiàn, wǒmen jiù huàn yígè.

만약 이 시간이 당신에게 불편하다면, 우리는 다른 시간으로 바꾸겠어요.

22.结构助词：所
22. 구조조사: 하는 바

据我所知，这件事不是真的。

Jù wǒ suǒ zhī, zhè jiàn shì búshì zhēn de.

제가 아는 바에 의하면 이 일은 사실이 아니예요.

你所做的每件事我都支持。

Nǐ suǒ zuò de měi jiàn shì wǒ dōu zhīchí.

저는 당신이 한 모든 일을 지지해요.

这部电影正是我所感兴趣的。

Zhè bù diànyǐng zhèng shì wǒ suǒgǎn xìngqù de.

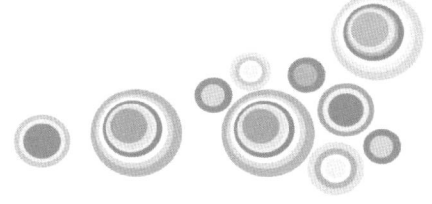

이 영화는 제가 정말 좋아하는 영화예요.

23.语气助词: 罢了、啦、嘛

23. 어기조사: 罢了、啦、嘛

例子	拼音	韩语
别生气, 我只是开个玩笑罢了。	Bié shēngqì, wǒ zhǐshì kāi gè wánxiào bàle.	화내지 마세요. 농담한 것 뿐이에요.
我终于把这个问题搞明白啦!	Wǒ zhōngyú bǎ zhège wèntí gǎomíngbái la!	저는 마침내 이 문제를 이해했어요.
什么事, 你快说嘛!	Shénme shì, nǐ kuài shuō ma!	무슨 일인지 빨리 말해 봐요!

24.数词+形容词+量词

24. 수사+형용사+양사

例子	拼音	韩语
一大杯茶	Yí dà bēi chá	한 잔의 가득 담긴 차
一长串葡萄	Yì cháng chuàn pútáo	한 송이의 긴 포도
一小份米饭	yì xiǎo fèn mǐfàn	일인분의 작은 밥

25.或 A 或 B

25. A 거나 B

每位市民都为这座城市的发展做出过或大或小的贡献。
Měi wèi shìmín dōu wèi zhè zuò chéngshì de fā zhǎn zuò chūguò huò dà huòxiǎo de gòngxiàn.

모든 시민들이 도시의 발전을 위해 크거나 작은 공헌을 한 적이 있어요.

各个企业都有一套或高或低的质量监测管理标准。

Gège qǐyè dōu yǒuyí tào huò gāo huò dī de zhìliàng jiāncè guǎnlǐ biāozhǔn.

각 기업은 모두 높거나 낮은 품질 검사 관리 기준을 가지고 있어요.

26. 无 A 无 B

26. 无 A 无 B

妈妈无时无刻不在想念着国外留学的孩子。

Māmā wúshíwúkè búzài xiǎngniànzhe guówài liúxué de háizi.

어머니는 외국에서 유학 생활을 하고 있는 자식을 시도 때도 없이 그리워하고 있어요.

这孩子再不管管就无法无天了。

Zhè háizi zài bù guǎn guǎn jiù wúfǎwútiānle.

이 아이를 지금 단속하지 않으면 제멋대로 행동할 거예요.

27. A 这 A 那

27. 이것저것을 …하다.

他总是很耐心地听她说这说那。

Tā zǒng shì hěn nàixīn de tīng tā shuō zhè shuō nà.

그는 항상 참을성 있게 그녀가 말하는 것을 들었어요.

他这个人真是麻烦，总是嫌这嫌那的。

Tā zhège rén zhēnshi máfan, zǒng shì xián zhè xián nà de.

그 사람은 정말 귀찮아서 늘 이것저것을 혐오해요.

28. 左 A 右 B
28. 이리저리 ...하다.

他左躲右闪，终于把球踢进了球门。

Tā zuǒ duǒ yòu shǎn, zhōngyú bǎ qiú tī jìnle qiúmén.

그는 이리저리 피하더니 결국 공을 골문 안으로 찼어요.

第一次出门，他兴奋得左瞧右看，眼睛都不够用了。

Dì yī cì chūmén, tā xīngfèn de zuǒ qiáo yòu kàn, yǎnjīng dōu búgòu yòngle.

처음 외출을 하는 그는 흥분해서 이리저리 바라보느라 눈이 모자랄 지경였어요.

他左思右想，觉得这件事不能这样就完了。

Tā zuǒsī yòu xiǎng, juéde zhè jiàn shì bùnéng zhèyàng jiù wánle.

그는 이리저리 생각했지만 이 일을 이대로 끝내서는 안 되겠다는 생각이 들었어요.

29. 不怎么
29. 그다지

这件衣服不怎么好看，换一件吧。

Zhè jiàn yīfu bù zěn me hǎokàn, huàn yí jiàn ba.

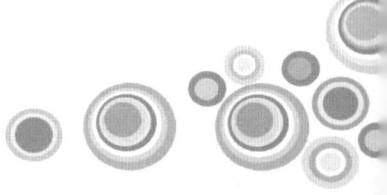

이 옷은 그다지 예쁘지 않으니 다른 것으로 바꿔 입으세요.

他不怎么在乎这些小事。

Tā bù zěn me zàihū zhèxiē xiǎoshì.

그는 이런 사소한 일에 별로 신경을 쓰지 않아요.

他今天好像不怎么舒服。

Tā jīntiān hǎoxiàng bù zěn me shūfú.

그는 오늘 그다지 편치 않은 것 같아요.

30. 不怎么样
30. 별로

例子	拼音	韩语
她跳舞跳得不怎么样。	Tā tiàowǔ tiào de bù zěn me yàng.	그녀의 춤은 별로예요.
甲：这件衣服怎么样？ 乙：不怎么样。	Jiǎ: Zhè jiàn yīfu zěnme yàng? Yǐ: Bù zěn me yàng.	가: 이 옷은 어때요? 나: 별로야.

31. 好（不）容易
31. 간신히

我好不容易给你争取来这个机会，你怎么能不抓住呢？

Wǒ hǎobù róngyì gěi nǐ zhēngqǔ lái zhège jīhuì, nǐ zěnme néng bù zhuā zhù ne?

제가 간신히 당신에게 이 기회를 주었는데 당신은 어떻게 이 기회를 잡지 않을 수 있어요?

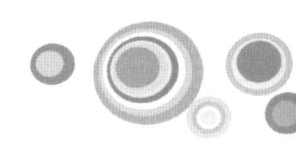

你好不容易走到这一步，怎么能说放弃就放弃呢?

Nǐ hǎobù róngyì zǒu dào zhè yíbù, zěnme néng shuō fàngqì jiù fàngqì ne?

당신은 간신히 이 지경까지 왔는데, 어떻게 포기한다고 바로 포기할 수가 있어요?

我好不容易说服他来参加比赛，你不能让他走。

Wǒ hǎobù róngyì shuōfú tā lái cānjiā bǐsài, nǐ bùnéng ràng tā zǒu.

제가 시합에 참가하도록 그를 간신히 설득했으니 당신이 그를 가게 할 수 없어요.

32.那倒（也）是

32. 그것(도)…이다.

现在看来，那倒是个很好的办法。

Xiànzài kàn lái, nà dǎoshì gè hěn hǎo de bànfǎ.

지금 보아하니 그것은 아주 좋은 방법이에요.

实在没办法，那倒也是个办法。

Shízài méi bànfǎ, nà dào yěshì gè bànfǎ.

정말 방법이 없으면 그것도 하나의 방법이에요.

甲：如果能找到失败的原因，那倒是件值得高兴的事。

乙：那倒也是。

Jiǎ: Rúguǒ néng zhǎodào shībài de yuányīn, nà dǎoshì jiàn zhídé gāoxìng de shì.

Yǐ: Nà dào yěshì.

가:만약 실패의 원인을 찾을 수 있다면 그것은 오히려 기쁜 일이에요.

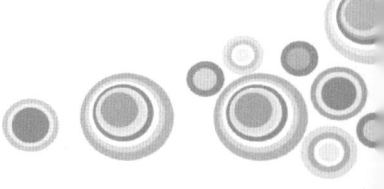

나:그래요.

33.就是说/这就是说
33. 말하자면/ 다시 말하자면

就是说，他是一个不诚实的人。

Jiùshì shuō, tā shì yígè bù chéngshí de rén.

다시 말하자면 그는 성실하지 않은 사람이에요.

这就是说，责任不在你，你千万不要怪自己。

Zhè jiùshì shuō, zérèn búzài nǐ, nǐ qiān wàn búyào guài zìjǐ.

다시 말하자면 책임이 당신에게 있는 것이 아니므로 절대로 자신을 탓하지 말아야 해요.

34.算了
34. 됐다.

例子	拼音	韩语
这件事就这样算了吧。	Zhè jiàn shì jiù zhèyàng suànle ba.	이 일은 이렇게 끝내자.
他不去算了，不要为难他了。	Tā bú qù suànle, búyào wéinán tāle.	그가 가지 않는다면 그만두세요, 그를 난처하게 하지 마세요.
甲：不行，我得好好问问他。 乙：算了，你说不过他的。	Jiǎ: Bùxíng, wǒ děi hǎo hǎo wèn wèn tā. Yǐ: Suànle, nǐ shuō bú guò tā de.	가:안 돼요. 그 사람한테 잘 물어봐야겠어요. 나:됐어요. 당신은 말로 그를 이길 수 없어요.

35. A 一 +量词, B 一 +量词

35. A 一 +양사, B 一 +양사

他摔得很严重，身上青一块，紫一块。

Tā shuāi de hěn yánzhòng, shēnshang qīng yíkuài, zǐ yíkuài.

그는 너무 심하게 넘어져서 몸에 멍이 들었어요.

大家你一句，我一句，搞得他反而没了主意。

Dàjiā nǐ yíjù, wǒ yíjù, gǎo de tā fǎn'ér méile zhǔyì.

다들 말을 주거니 받거니 하는 바람에 그는 오히려 아무 생각도 없게 됐어요.

他俩说着话，突然你一下儿、我一下儿地打起来了。

Tā liǎ shuōzhe huà, túrán nǐ yíxià er, wǒ yíxià er de dǎ qǐláile.

그 두 사람이 말을 하다가 갑자기 주거니 받거니 싸우기 시작했어요.

36. 东一A, 西一A

36. 东一A, 西一A

天黑还下雨，他东一脚，西一脚地赶回来了。

Tiān hēi hái xià yǔ, tā dōng yì jiǎo, xī yì jiǎo de gǎn huíláile.

날이 어두워진 데다 비까지 내리자 그는 이리저리 기우뚱거리며 서둘러 돌아왔어요.

他说话东一句，西一句，完全没有重点。

Tā shuōhuà dōng yíjù, xī yíjù, wánquán méiyǒu zhòngdiǎn.

그의 말은 조리가 없으며, 요점이 전혀 없어요.

他做事情总是东一下儿，西一下儿，既无计划更无耐心。

Tā zuò shìqíng zǒng shì dōng yíxià er, xī yíxià er, jì wú jìhuà gèng wú nàixīn.

그는 일처리가 언제나 변덕스러우며 계획도 없고 인내심도 없어요.

37. 为了……而……

37. ... 기 위하여 ....

为了这么一件小事而生气，不值得。

Wèile zhème yí jiàn xiǎoshì ér shēngqì, bù zhídé.

이렇게 작은 일 때문에 화내는 것은 가치가 없어요.

他为了这次比赛而努力了很久。

Tā wèile zhè cì bǐsài ér nǔlìle hěnjiǔ.

그는 이번 시합을 위해 오랫동안 노력했어요.

这是为了讨论改善环境问题而召开的会议。

Zhè shì wèile tǎolùn gǎishàn huánjìng wèntí ér zhàokāi de huìyì.

이것은 환경 개선 문제를 논의하기 위해 열린 회의였어요.

38. 宾语的语义类型 2

38. 목적어의 어의 유형 2

(1) 处所宾语

(1) 장소 목적어

听见铃声，他马上就进教室了。

Tīngjiàn língshēng, tā mǎshàng jiùjìn jiàoshìle.

벨 소리를 듣고 그는 얼른 교실로 들어갔어요.

他把东西都放桌子上了。

Tā bǎ dōngxī dōu fàngzhuōzi shàngle.

그는 물건을 책상 위에 모두 올려놓았어요.

（2）结果宾语

(2) 결과 목적어

在中国农村，盖房子是一件大事。

Zài zhōngguó nóngcūn, gài fángzi shì yí jiàn dàshì.

중국의 농촌에서 집을 짓는 것은 아주 큰 일이에요.

新学期的学生太多了，学校正在校园里建食堂。

Xīn xuéqī de xuéshēng tài duōle, xué xiào zhèngzài xiàoyuán lǐ jiàn shítáng.

새 학기에 학생들이 너무 많아서 학교는 지금 캠퍼스에 식당을 짓고 있어요.

39. 趋向补语 5

39. 방향보어 5

表示状态意义(引申用法)：动词/形容词+下来/下去/起来/过来

상태의 의미를 나타낸다(파생용법): 동사/ 형용사+下来/下去/起来/过来

老师一进教室，同学们很快安静了下来。

Lǎoshī yí jìn jiàoshì, tóngxuémen hěn kuài ānjìngle xiàlái.

선생님께서 교실에 들어오시자 학생들은 빠르게 조용해졌어요.

他对工作的兴趣渐渐淡了下去。

Tā duì gōngzuò de xìngqù jiànjiàn dànle xiàqù.

그는 일에 대한 흥미가 점점 식어 갔어요.

我们先把礼物藏起来。

Wǒmen xiān bǎ lǐwù cáng qǐlái.

우리는 먼저 선물을 숨겼어요.

经过医生的抢救，他终于醒过来了。

Jīngguò yīshēng de qiǎngjiù, tā zhōngyú xǐng guòláile.

의사의 응급 처치를 거쳐 그는 마침내 의식을 회복하였어요.

40."把"字句 4: 表致使

40. '把'자문 4: 야기함을 나타낸다.

（1） 主语（非生物体）+把+宾语+动词+其他成分

(1) 주어(비생물체)+把+목적어+동사+기타성분

这双鞋把脚磨破了。

Zhè shuāng xié bǎ jiǎo mó pòle.

이 신발이 발을 상처 입게 했어요.

外面的声音把我吵醒了。

Wàimiàn de shēngyīn bǎ wǒ chǎo xǐngle.

바깥에서 나는 소리에 잠을 깼어요.

（2）主语+把+宾语（施事）+动词+其他成分

(2) 주어+把+목적어(시사)+동사+기타성분

他把大伙儿笑得肚子疼。

Tā bǎ dàhuǒ er xiào de dùzi téng.

그는 사람들이 배가 아플 정도로 웃게 했어요.

他把爸爸气得一夜没睡。

Tā bǎ bàba qì de yíyè méi shuì.

그가 아버지를 화나게 해서 밤새 한숨도 못 자게 하였어요.

孩子把妈妈感动得流下了眼泪。

Háizi bǎ māmā gǎndòng de liúxiàle yǎnlèi.

아이는 엄마를 감동시켜 눈물을 흘리게 했어요.

41. 被动句 4: 主语+被/叫/让+宾语+给+动词+其他成分

41. 피동문 4: 주어+被/叫/让+목적어+给+동사+기타성분

杯子被她不小心给摔碎了。

Bēizi bèi tā bù xiǎoxīn gěi shuāi suìle.

컵이 그녀의 부주의로 떨어져서 깨졌어요.

自行车叫小偷儿给偷走了。

Zìxíngchē jiào xiǎotōu er gěi tōu zǒule.

도둑에게 자전거를 도둑맞았어요.

这件事差点儿让我给忘了。

Zhè jiàn shì chàdiǎn er ràng wǒ gěi wàngle.

저는 이 일을 하마터면 잊을 뻔했어요.

42.时而……，时而……
42. 때로는…, 때로는…

这儿的天气变来变去，时而晴天，时而下雨。

Zhè'er de tiānqì biàn lái biàn qù, shí'ér qíngtiān, shí'ér xià yǔ.

이곳의 날씨는 오락가락 변하여 때로는 맑다가도 때로는 비가 와요.

生活就是这样，时而让人失望，时而让人充满信心。

Shēnghuó jiùshì zhèyàng, shí'ér ràng rén shīwàng, shí'ér ràng rén chōngmǎnxìnxīn.

사는 게 다 그래요. 때로는 실망하게 하고, 때로는 자신감을 가지게 해요.

她的情绪很不稳定，时而积极，时而消极。

Tā de qíngxù hěn bù wěndìng, shí'ér jījí, shí'ér xiāojí.

그녀의 정서가 매우 불안정하여 때로는 적극적이다가 때로는 소극적이에요.

43. 一时……一时

43. 때로는 ...(하고), 때로는 ...(하다).

年纪太大了，身体一时好一时坏。

Niánjì tài dàle, shēntǐ yìshí hǎo yìshí huài.

나이가 너무 많아 몸이 좋아졌다 나빠졌다 해요.

这家公司的产量一时上升一时下降。

Zhè jiā gōngsī de chǎnliàng yìshí shàngshēng yìshí xiàjiàng.

이 회사의 생산량은 올랐다 떨어졌다 해요.

他的情绪有波动，一时高兴一时悲伤。

Tā de qíngxù yǒu bōdòng, yìshí gāoxìng yìshí bēishāng.

그의 정서는 기복이 있어 때로는 기뻤다가 때로는 슬펐다가 해요.

44. ……便……

44. ...바로...

我一走出校门，抬头便看见了她。

Wǒ yì zǒuchū xiàomén, táitóu biàn kànjiànle tā.

저는 교문을 나서자마자 바로 고개를 들어 그녀를 보았어요.

她放下电话，衣服没换便往医院赶。

Tā fàngxià diànhuà, yīfú méi huàn biàn wǎng yīyuàn gǎn.

그녀는 전화를 내려놓고, 옷도 갈아입지 않은 채 바로 병원으로 갔어요.

一回到家，他便看到了桌子上的饭菜。

Yì huí dàojiā, tā biàn kàn dàole zhuōzi shàng de fàncài.

집에 돌아오자마자, 그는 식탁 위의 음식을 보았어요.

45.不但不/不但没有……，反而……

45. ...하기는커녕...

他不但不帮我，反而还给我添麻烦。

Tā búdàn bù bāng wǒ, fǎn'ér hái gěi wǒ tiān máfan.

그는 저를 도와주기는커녕 오히려 귀찮게 해요.

夏天过去了，天气不但没有凉快，反而更热了。

Xiàtiān guòqùle, tiānqì búdàn méiyǒu liángkuai, fǎn'ér gèng rèle.

여름이 지나갔는데 날씨가 선선해지기는커녕 오히려 더 더워졌어요.

他不但没有鼓励我，反而还批评了我一顿。

Tā búdàn méiyǒu gǔlì wǒ, fǎn'ér hái pīpíngle wǒ yí dùn.

그는 저를 격려하기는커녕 오히려 저를 꾸짖었어요.

46. 不是……，还/还是……

46. ...는 것이 아니라...해야 하다.

不是读完了就可以了，还应该写一篇作文。

Búshì dú wánle jiù kěyǐle, hái yīnggāi xiě yì piān zuòwén.

다 읽으면 되는 것이 아니라 글도 한 편 써야 해요.

这事不是你想做就能做的，还是要听听老板的意见。

Zhè shì búshì nǐ xiǎng zuò jiù néng zuò de, háishì yào tīng tīng lǎobǎn de yìjiàn.

이 일은 당신이 하려고 한다고 할 수 있는 일이 아니니 사장의 의견을 들어 보아야 해요.

47. 连……也/都……，……更……

47. ...까지도..., 더욱이...

连大人也做不到，孩子更做不到。

Lián dàrén yě zuò bú dào, hái zǐ gèng zuò bú dào.

어른들도 할 수 없으니 아이들은 더욱이 할 수 없어요.

连老人也喜欢看，孩子们更是喜欢得不得了。

Lián lǎorén yě xǐhuān kàn, háizi men gèng shì xǐhuān de bùdéliǎo.

노인들까지도 보기 좋아하니 아이들은 더욱 좋아해요.

48. 要么……，要么……

48. ...하든지 ...하든지.

你要么跟他一组，要么自己一个人一组，尽快决定吧。

Nǐ yàome gēn tā yì zǔ, yàome zìjǐ yígè rén yì zǔ, jǐnkuài juédìng ba.

당신은 그와 한 조가 되든지 혼자서 한 조가 되든지 빨리 결정하세요.

面对困难，我们要么被它吓倒，要么战胜它。

Miàn duì kùnnán, wǒmen yàome bèi tā xià dǎo, yàome zhànshèng tā.

어려움에 직면했을 때 우리는 그것에 놀라 쓰러지든지 아니면 그것을 이겨 내든지 해야 해요.

教室里的同学们要么在写作业，要么在小声讨论。

Jiàoshì lǐ de tóngxuémen yàome zài xiě zuòyè, yàome zài xiǎoshēng tǎolùn.

교실 안의 학생들은 숙제를 하거나 작은 소리로 토론을 하고 있어요.

49. 虽……，但/可/却/也……
49. 비록...지만...

他年纪虽小，但经验不少。

Tā niánjì suī xiǎo, dàn jīngyàn bù shǎo.

그는 나이가 비록 어리지만 경험은 적지 않아요.

我虽没得到奖励，可仍然对自己充满信心。

Wǒ suī méi dédào jiǎnglì, kě réngrán duì zìjǐ chōngmǎn xìnxīn.

저는 비록 상을 받지는 못했지만 여전히 자신에 대한 자신감이 가득해요.

他虽失败了，却仍然微笑面对。

Tā suī shībàile, què réngrán wēixiào miàn duì.

그는 비록 실패했지만, 여전히 미소로 대해요.

她虽病了，也坚持来上课。

Tā suī bìngle, yě jiānchí lái shàngkè.

그녀는 비록 병이 났지만, 꾸준히 수업하러 왔어요.

50. ……，要不然/不然……

50. ..., 그렇지 않으면...

大家要认真对待考试，要不然会影响毕业的。

Dàjiā yào rènzhēn duìdài kǎoshì, yào bùrán huì yǐngxiǎng bìyè de.

모두들 시험에 진지하게 임해야 해요. 그렇지 않으면 졸업에 영향을 줄 수 있어요.

你不用太担心，不然我和你一起去。

Nǐ búyòng tài dānxīn, bùrán wǒ hé nǐ yìqǐ qù.

당신은 너무 걱정할 필요가 없어요. 그렇지 않으면 제가 당신과 함께 갈게요.

外面下雨了，不然我们明天再去吧。

Wàimiàn xià yǔle, bùrán wǒmen míngtiān zài qù ba.

밖에 비가 와요. 그렇지 않으면 우리 내일 다시 가요.

51. 凡是……，都……

51. 무릇

凡是听到高兴的事，他都和朋友分享。

Fánshì tīng dào gāoxìng de shì, tā dōu hé péngyǒu fēnxiǎng.

그는 기쁜 일을 들으면 모두 친구와 함께 나눠요.

凡是跟他合作，都能顺利完成任务。

Fánshì gēn tā hézuò, dōu néng shùnlì wánchéng rènwù.

무릇 그와 합작하면 모두 순조롭게 임무를 완수할 수 있어요.

凡是对的，我们都应该坚持。

Fánshì duì de, wǒmen dōu yīnggāi jiānchí.

무릇 옳은 것이라면 우리는 모두 견지해야 해요.

52. 就算/就是……也……

52. 설령 …이라도.

就算成绩最好的同学也无法回答这个问题。

Jiùsuàn chéngjī zuì hǎo de tóngxué yě wúfǎ huídá zhège wèntí.

가장 성적이 좋은 학생도 이 문제를 풀지 못해요.

就是你想马上瘦下来也不能每天不吃饭。

Jiùshì nǐ xiǎng mǎshàng shòu xiàlái yě bùnéng měitiān bù chīfàn.

설령 당신이 빨리 살을 빼고 싶더라도 매일 굶으면 안 돼요.

就算他错了你也不能说他，他还小呢。

Jiùsuàn tā cuòle nǐ yě bùnéng shuō tā, tā hái xiǎo ne.

설사 그 사람이 틀렸다 하더라도 그를 꾸짖으면 안 돼요. 그 사람은 아직 어리거든요.

53. 不……不……

53. ...하지 않으면 ...하지 않다.

你们两个人可真是不打不成交。

Nǐmen liǎng gèrén kě zhēnshi bù dǎ bùchéng jiāo.

너희 두 사람은 정말 싸우면서 친해지는구나.

这里的房价不问不知道，一问吓一跳。

Zhèlǐ de fángjià bú wèn bù zhīdào, yí wèn xià yí tiào.

이곳의 집값은 묻지 않으면 모르는데, 일단 한번 물어보면 깜짝 놀라요.

她今天一直在练习，不达标准不休息。

Tā jīntiān yìzhí zài liànxí, bù dá biāozhǔn bù xiūxi.

그녀는 오늘 계속 연습하고 있는데, 기준에 도달하지 않으면 쉬지 않아요.

54. 二重复句 2: 复句+复句

54. 이중복문 2: 복문+복문

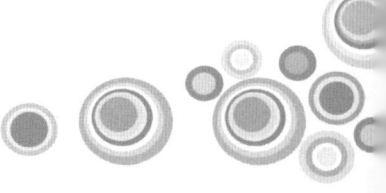

成功的基础是奋斗，奋斗的收获是成功，所以，只有不断努力的人才有机会走上成功的高峰。

Chénggōng de jīchǔ shì fèndòu, fèndòu de shōuhuò shì chénggōng, suǒyǐ, zhǐyǒu búduàn nǔlì de réncái yǒu jīhuì zǒu shàng chénggōng de gāofēng.

성공의 기초는 분투이고 분투의 수확은 성공이에요. 그러므로 부단히 노력하는 사람만이 성공의 최고점에 오를 기회가 있어요.

这个国王既不关心他的军队，也不喜欢去看戏，也不喜欢乘着马车去游玩儿，——除非是要展示一下儿自己的新衣服。

Zhège guówáng jì bù guānxīn tā de jūnduì, yě bù xǐhuān qù kàn xì, yě bù xǐhuān chéngzhe mǎchē qù yóuwán er,——chúfēi shì yào zhǎnshì yíxià er zìjǐ de xīnyīfu.

이 왕은 자신의 군대에도 관심이 없었고, 새 옷을 선보이는 것 외에는, 연극을 보러 가는 것도, 마차를 타고 노는 것도 좋아하지 않았어요.

承认错误，才能正确看待出现在自己身上的问题；同时，只有虚心接受别人的批评，解决了自己的问题，才能取得下一步的成功。

Chéngrèn cuòwù, cáinéng zhèngquè kàndài chūxiàn zài zìjǐ shēnshang de wèntí; tóngshí, zhǐyǒu xūxīn jiēshòu biérén de pīpíng, jiějuéle zìjǐ de wèntí, cáinéng qǔdé xià yíbù de chénggōng.

잘못을 시인해야만 자신에게 나타난 문제를 정확하게 볼 수 있고 이와 동시에 남의 비판을 겸허히 받아들여 자신의 문제를 해결해야만 다음 단계의 성공을 거둘 수 있어요.

55. 用"非……不可"表示强调

55. '非……不可'로 강조를 나타낸다.

不管天气怎么样，我们非去不可。

Bùguǎn tiānqì zěnme yàng, wǒmen fēi qù bùkě.

날씨가 어떻든지 간에 우리는 가지 않으면 안 돼요.

还有这么长准备时间呢，你非要现在写完不可吗?

Hái yǒu zhème cháng zhǔnbèi shíjiān ne, nǐ fēi yào xiànzài xiě wán bùkě ma?

아직 이렇게나 많은 준비 시간이 있는데, 당신은 반드시 지금 글을 다 써야만 하나요?

他正生着气呢，你非现在说不可吗?

Tā zhèng shēngzhe qì ne, nǐ fēi xiànzài shuō bù kě ma?

그는 지금 화가 나 있는데, 당신이 지금 말을 안 하면 안 될까요?

56. X 到 Y 头上来了

56. ...까지 ...하다.

他都欺负到你头上来了，你也不在乎吗?

Tā dōu qīfù dào nǐ tóu shàngláile, nǐ yě búzàihū ma?

그가 당신까지 괴롭히고 있는데도 당신은 개의치 않나요?

人家都求到我们头上来了，还是帮帮他们吧。

Rénjiā dōu qiú dào wǒmen tóu shàngláile, háishì bāng bāng tāmen ba.

그들은 우리에게까지 청했는데, 그래도 그들을 좀 도와줍시다.

这种好事怎么轮到我头上来了?

Zhè zhǒng hǎoshì zěnme lún dào wǒ tóu shàngláile?

이렇게 좋은 일이 어떻게 저에게 일어나나요?

57. X 就 X 吧

57. ...하면 ...하다.

等等就等等吧，没有别的办法了。

Děng děng jiù děng děng ba, méiyǒu bié de bànfǎle.

기다리라면 기다려요. 다른 방법은 없어요.

少点儿就少点儿吧，总比没有强。

Shǎo diǎn er jiù shǎo diǎn er ba, zǒng bǐ méiyǒu qiáng.

조금 적다면 조금 적은 것이지, 어쨌든 없는 것보다는 좋아요.

晚点儿就晚点儿吧，来得及就行。

Wǎndiǎn er jiù wǎndiǎn er ba, láidejí jiùxíng.

늦으면 늦은 거지, 늦지 않으면 돼요.

58. X 是 X

58. ...하기는 ...하는데

去是去了，就是不知道结果怎么样。

Qù shì qùle, jiùshì bù zhīdào jiéguǒ zěnme yàng.

가기는 갔는데 결과가 어떻게 될지 모르겠어요.

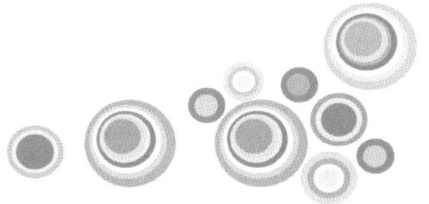

好是好，但不知道老师会不会同意我们这样做。

Hǎo shì hǎo, dàn bù zhīdào lǎoshī huì bú huì tóngyì wǒmen zhèyàng zuò.

좋긴 좋은데 선생님께서 우리가 이렇게 하는 것을 허락하실지는 모르겠어요.

这件衣服漂亮是漂亮，但也太贵了。

Zhè jiàn yīfu piàoliang shì piàoliang, dàn yě tài guìle.

이 옷은 예쁘기는 예쁘지만 너무 비싸요.

59. 不 X 不……, 一 X……

59. 안 ...하면 ...하지 않지만, 일단 ...하면...

不看不知道，一看吓一跳，这里变化太大了！

Bú kàn bú zhīdào, yí kàn xià yí tiào, zhèlǐ biànhuà tài dàle!

안 보면 모르겠지만 일단 한 번 보면 깜짝 놀라게 되는데, 이곳은 정말 많이 변했군요!

这题目看起来简单，不做不知道，一做真不会！

Zhè tímù kàn qǐlái jiǎndān, bú zuò bù zhīdào, yí zuò zhēn bú huì!

이 문제는 간단해 보이는데 문제를 풀지 않으면 모르겠지만 한 번 풀어보면 정말 풀 수가 없네요!

60. 好你个 X

60. 너 이 ...야

好你个小偷儿，敢偷我的东西，我送你去警察局！

Hǎo nǐ gè xiǎotōu er, gǎn tōu wǒ de dōngxī, wǒ sòng nǐ qù jǐngchá jú!

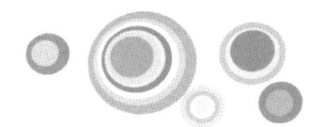

이 도둑놈이 감히 제 물건을 훔치다니, 경찰서에 데려갈게요!

好你个大骗子，还好我聪明，没上你的当！

Hǎo nǐ gè dà piànzi, hái hǎo wǒ cōngmíng, méi shàng nǐ de dàng!

당신은 큰 사기꾼인데, 제가 똑똑해서 당신에게 속지 않아서 다행이야!

好你个老王，一点儿忙都不帮我！

Hǎo nǐ gè lǎo wáng, yìdiǎn er máng dōu bù bāng wǒ!

너 이 라오왕아, 조금도 나를 도와주지 않는구나!

61. 动词+什么（就）是什么

61. 동사+什么（就）是什么

行啊！你说什么是什么，都听你的。

Xíng a! Nǐ shuō shénme shì shénme, dōu tīng nǐ de.

좋아요! 당신이 하는 말이 무엇이든지 다 들을게요.

哪有这么容易的，你想什么就是什么？

Nǎ yǒu zhème róngyì de, nǐ xiǎng shénme jiùshì shénme?

이렇게 쉬운 게 어디 있어, 당신이 생각하는 게 다 뭐야?

62. 早（也）不 X,晚（也）不 X

62. 일찍도 늦게도 ...하지 않다.

早不来，晚不来，恰好要出门的时候他来了。

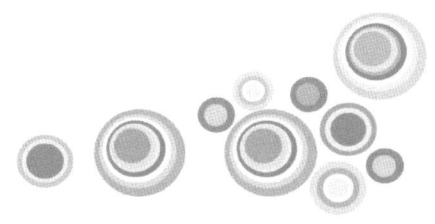

Zǎo bù lái, wǎn bù lái, qiàhǎo yào chūmén de shíhòu tā láile.

일찍도 아니고 늦게도 아닌 마침 집을 나서려던 참에 그가 왔어요.

早也不走，晚也不走，需要他的时候他却走了。

Zǎo yě bù zǒu, wǎn yě bù zǒu, xūyào tā de shíhòu tā què zǒule.

일찍도 늦게도 가지 않았는데 그가 필요할 때는 도리어 가버렸어요.

63.看/瞧把+宾语（施事）+X 得

63. 看/瞧把+목적어（시사）+X 得

真是小孩子呀，看把他乐得。

Zhēnshì xiǎo háizi ya, kàn bǎ tā lède.

어린애야, 그가 기뻐하는 모습을 좀 봐라.

瞧把他得意得，都不知道自己是谁了。

Qiáo bǎ tā déyì de, dōu bù zhīdào zìjǐ shì shéile.

저 사람 우쭐거리는 것 좀 봐라. 자기가 누구인지도 몰라요.

瞧把他吓得，都不知道说什么了。

Qiáo bǎ tā xià de, dōu bù zhīdào shuō shénmele.

그가 깜짝 놀라는 것 좀 봐라. 무슨 말을 하는지 모르겠어요.

64.放着 X 不 Y

64. 放着 X 不 Y

你可别放着好日子不过，在这儿找麻烦。

Nǐ kě bié fàngzhe hǎo rìzi búguò, zài zhè'er zhǎo máfan.

편안한 생활을 내던지고 여기서 골칫거리를 만들지 마세요.

他放着好好的学不上，非要跑去外面打工。

Tā fàngzhe hǎohǎo de xué bú shàng, fēi yào pǎo qù wàimiàn dǎgōng.

그는 제대로 공부를 하지 않고 기어코 밖으로 일하러 나가려 해요.

65. X 来 X 去，都是/就是……

65. 아무리 ...해도 ...

不管我们怎么争来争去，都是没有用的。

Bùguǎn wǒmen zěnme zhēng lái zhēng qù, dōu shì méiyǒu yòng de.

우리가 아무리 싸워 봐도 소용이 없어요.

说来说去，就是没有统一的意见。

Shuō lái shuō qù, jiùshì méiyǒu tǒngyī de yìjiàn.

이리저리 말해도 통일된 의견이 없었어요.

66. X 了就 X 了，(没)有……

66. ...하면 ...한 것이지 ...할 것 없다.

坏了就坏了，有什么大不了的？

Huàile jiù huàile, yǒu shén me dàbùliǎo de?

고장이 나면 고장이 난 것이고 이는 큰일이 아니예요.

输了就输了，没有什么好难过的。

Shūle jiù shūle, méiyǒu shén me hǎo nánguò de.

졌으면 진 것이지 서운할 것 없어요.

67.这/那也不 X,那/这也不 Y

67. 이것도/ 저것도 안 ...하고, 저것도 안 ...하고

这也不吃，那也不喝，结果就是身体越来越差。

Zhè yě bù chī, nà yě bù hē, jiéguǒ jiùshì shēntǐ yuè lái yuè chà.

이것도 안 먹고, 저것도 안 마시고, 결국 몸이 갈수록 나빠지고 있어요.

那也不合适，这也不对，我真的不明白她到底想怎样。

Nà yě bù héshì, zhè yě búduì, wǒ zhēn de bù míngbái tā dàodǐ xiǎng zěnyàng.

그것도 어울리지 않고, 이것도 맞지 않고, 저는 정말 그녀가 도대체 어떻게 하려는 건지 모르겠어요.

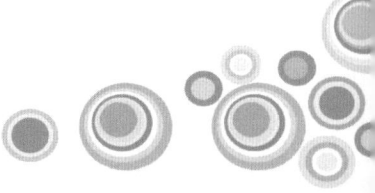

신 HSK 중급 문법 참고 답안

제1과

해석

阿姨打扫了我的房间。

他是我们班的学生。

爸爸的公司很大。

北方人个子高。

他的鼻子高。

这次比赛有意思。

这是我的笔记本。

酒店的冰箱里有很多可乐。

这个食堂的菜单简单。

我打算参加2018年的比赛。

这个城市的超市多。

船上的人多。

제2과

四 연습

1.的 的 2.的 3.地 4.的 5.地 6.的 7.地 8.地 9.地 10.的 11.地 12.地 的 13.的 14.地 的 15.的 16.地

제3과

三 연습

1.的 2.得 3.得 4.的 得 5.的 6.的 7.得 8.的 9.的 10.的 的 11.的 12.地 13.地 14.的 得 地 的 15.得 16.地 17.地 的 18.地 19.得 得 20.得 21.得 22.地 的 23.地 24.地 25.地 26.地 27.得 的 28.的 的 的 29.的 地 30.得 的 31.得 得 32. 得 33. 的 34. 的 35. 得 36. 的 地 37. 的 38. 地 39. 的 40. 地 41. 的 42. 地 的 43. 得 得 44. 的 45. 地 46. 得 47. 得 48. 得 49. 的 50. 得 地 的 地

제5과

七 연습

1、35742 2、631524 3、31425 4、145632 5、426315 6、235461 7、13548672

8、132564 9、142365 10、3145762

제6과

六 연습

1. 我骑自行车去见朋友。 2. 我去办公室帮老师搬东西。 3. 妈妈去厨房做饭。 4. 我坐地铁去见朋友。 5. 我去公园看花。 6. 我帮朋友检查作业。

八 연습

2.骑自行车回家 2.去商店买苹果 3.坐火车 4.坐飞机 5.用铅笔 6.在门口站着 7.有一句话 8.有一个会议 9.见到我哭了 10.坐飞机去过 11.看着电视吃饭 12.听着音乐走路 13.用手机玩儿过 14.坐着火车去首尔 15.去图书馆看书 16.去北京爬过 17.坐飞机去上海旅游过 18.坐着看书 19.没坐火车去过 20.还没去过 21.见没见到 22.删去"了" 23.看完了 24. 틀린 것 없음 25.删去"了" 26.去泰山爬过山/去掉"过"

제7과

六 연습

1、614253 2、423651 3、134526/134625 4、7124365 5、614235 6、5126374

7、1324 8、12836475 9、4521367 10、15342 11、3142576 12、52413 13、12345

14、4213

제8과

二 연습

1.BCBC BCCC

2.(1)"那"改为"一" （2）删去"在" （3）跑进来 （4）在草地上蹲着 （5）删去"在" （6）"着"改为"在"

3. 1342 4123 3241 1432 13425 465123 15234 462135 12435 461235

제11과

四 연습

1. (1)看了一个小时的书 (2)聊了两个小时的天 (3)学习汉语一年了 (4)等了你30分钟 (5)毕业十几年了 (6)结婚三年了 (7)删去"来了" (8)删去"去了" (9)等你一会儿 (10)爱了他一辈子

2. 243516 543216 423516 24351 13542 124536 25431 164523

제12과

四 연습   AABCB CABAB

제13과

연습: 给女朋友 给你 给妈妈 给我

제21과

七 연습1

1~5 BBDCA 6~10 AADCC 11~15 ABDDB 16~19 ABBA

연습2

(1)一边...一边... (2)虽然...但是... (3)虽然...但是... (4)虽然...但是... (5)因为...所以... (6)虽然...但是... (7)要么...要么... (8)不但...而且... (9)既...又... (10)虽然...但... (11)要么...要么... (12)要么...要么... (13)既然...就... (14)因为...所以...